好問

化異見爲助力的關鍵說服力

DOESN'T HURT TO ASK

Using the Power of Questions to Communicate, Connect, and Persuade

特雷·高迪——著 TREY GOWDY 陳珮榆——譯

爭吵，解決不了對立，
有效提問，才能讓人不知不覺被你打動！

目錄

獻給泰芮；我們的孩子，華生與艾碧嘉
以及我的父母，哈爾與諾瓦琳

推薦序
提問，是一種可以練習而成的藝術

女力學院校長／江湖人稱S姐

講到提問，是不是很多人都會單純的翻譯，最常使用的字語非「為什麼」不可了，你內心有多少可以即時反應而說出來的「提問資料庫」呢？包含「你覺得」、「如果這件事情重新來過，你會怎麼做」，或是封閉式的正反兩面提問請對方選擇回答，我自己就有十幾個慣用的提問資料庫，在溝通認知上使用非常重要，尤其在做獵人頭顧問期間，需要許多不同面向的談判技巧，討論合約，解決質疑，說服獵才對象提高職場轉換動機，薪資談判等等，面對面當下的提問是需要事先做邏輯推演思考及判斷的，從不同人設的角度反覆思考推演，才能毫不費力的用經驗值來做提問或說服。

除了面對面的個人提問資料庫以外，現在多數人喜歡文字溝通，或是透過信件跟社群軟體第二手溝通，等於「文字提問」也相對的重要，很多人會問我職場上的問題，如何談薪水，現在市場行情是多少，最近有沒有甚麼好機會，要去面試甚麼公司有沒有甚麼建議給他，或者問說要怎麼提升自己，這種看似聊天式的提問，其實和文字提問有很大的不同。而這些提問，通常我都是回答兩種答案：一、請去谷歌；二、無法給你建議因為你還沒有搞懂問題，或是乾脆已讀不回，原因是文字更應該是深思熟慮過後有邏輯的方式提問，別人才能知道如何更有效率回答或是給相對合適的建議。舉例，如何談薪水應該講的是，我目前薪水多少，有研究過市場行情以及實際這間面試公司大致這個職位的薪資範圍，開一個認知的合理數字，詢問對方這樣是否合理，這種內容我就會簡單協助回答；再舉一個例子，「最近有沒有甚麼好機會」，應該提問的是，最近市場趨勢觀察大概是這樣，猜想可能會有類似這種類型的工作職缺會需要我，而我的背景有一大部分也符合，不知道最近周遭有沒有相關的職缺可能釋出，這樣的提問方式也比較有禮貌，代表做過功課，否則我可能會回答機會隨時都有，只是不是給你而已。再者，其實文字型的提問也有一個很棒的談判空間，享受時間的美感，對方回訊息的時間點有時候也能成為溝通說服上很好的工具。

書中有一段故事讓我印象特別深刻，作者在與法官在某件個案議題對峙時，法官在事後給他的建議：「如果你渴望與現實世界中的真實人物溝通，打動他們，最終說服他們，你就必須更理解他們解讀訊息的方式，尤其是與他們對話的語言。你必須去他們所在之處認識他們，不是去你的所在之處，也不是到你希望他們在的地方」，這點非常符合我在對外及企業內訓中演講的議題之一，廣結人緣，除了嘗試認識不同職場專業人士，從白領到藍領階級，從不同職能到不同產業領域，也可以嘗試多認識創業家，財務自由或是退休族群，接地氣的產業人士等等，先不論每個人的出生背景，家庭關係等等，訊息解讀方式的不同就會讓提問有不同的順序，也可以讓溝通變得更一致。試想，如果有人提及有一個朋友是學生，下班後兼職做酒促；反過來提及，有一個朋友是名酒促，下班後還是花時間進修，明明聽起來不同，但實際上兩個說法卻是在形容同一個人，聊天的方式真的也是一種藝術。想成為一名溝通高手，就需要讓自己的場域環境永遠不是只有同溫層。

此外，在與人互動中有大量的議題討論練習，可以刺激更多維度的思維模式，可能是針對一則最近的新聞議題、生活議題，不讓話題流於八卦，而是彼此可以有大量的思辨。大量去認識不同群體，才能讓溝通更有層次，談話方式更有紀律，說服才能更有準則。不同背景、社經地位、宗教信仰、經歷和思辨模式的人，而這本書正是因為我不是相關背景，讓我更想知道熟悉法務／政治者在面對高階收入族群及大量刑事案件中，作者的個人心態如何調適，如何透過提問說服自己與他人。

沒有人是天生的溝通者，說服與提問都可以經過練習，書中提到一句話我很喜歡，「我們花很多時間在等待別人去做我們認為應該做的事情」，而很多人的提問就是可惜在這，可惜在忘記提問也需要經過思考。提問的目的可能是為了得到答案，滿足好奇心，本書把提問再衍生出一套系統化的觀念，提問為了說服以及為了有技巧的質疑，為了溝通，所以提問。很適合應用在不同場景，包含家庭／另一半／工作與生活，當然也包含更好玩的議題，自我探索。作者用了非常大量自身的個案，包含透過陪審團／檢察官／法官／律師／被告者的角色來不停探討提問的系統化方法，使用的場域也包含法庭，國會與作者的生活環境，推薦給正懷疑自己談話邏輯極度矛盾的你。

導言

從法庭走到國會

為什麼要說服

十六年來，我面對過無數組沒有成功躲過義務的十二人陪審團。（好吧，這樣說可能不公平，但認了吧！幾乎不會有人興高采烈地收下傳票。）然而，就我的經驗來看，儘管對於出席猶豫不決，但大多數人最後都會享受著參加陪審團服務的樂趣，或者最起碼也領會到美國司法制度的權威性。法庭反映出真實人生，顯示了所有痛苦和快樂、正義和不公、以及源生於試圖掌控和裁決人性的原始情感。雖然你可能不太有機會走進法庭，但「審判」同樣存在生活的各個角落，那些「審判」可能出現在商業場合、社群會議、學校或家中。

我在聯邦法院和州法院經歷過近百場的陪審團審判，案件範圍從槍枝違法到毒品走私、擄人勒贖到劫車、性侵害到搶劫、兒童虐待到謀殺，法庭已經成為我感到最平靜和最舒適的地方。我喜歡這種的邏輯思維，喜歡這裡的遊戲規則，喜歡策畫謀略，喜歡這種需要快速思考的地方，喜歡有機會追求真理，喜歡整個以人和程序為縮影的人類光譜。但最重要的，我之所以喜歡法庭，是因為我熱愛說服的藝術，而且我一直竭盡所能地將這門藝術做到最好。

我所做的一切都要歸功於我的母親。在我和三位妹妹成長的過程中，母親做過許多有益的事情，但她最喜歡的工作是在地方律師事務所擔任受害者辯護人（victim advocate），為犯罪受害者及其家庭提供諮詢，說明他們身為受害者的權益，替他們揭開刑事訴訟過程的神祕面紗。如有需要或要求，受害者辯護人會與受害者及其家屬一起出席審判、抗辯和量刑聽證會。

當我大學和法學院暑假期間在家時，母親下班回來後會流露對美國刑事司法體系的沮喪之情，並公然質疑：「為什麼被告、被指控犯罪的人可以雇用任何他或她想要的律師，而受害者卻無法？受害者只能跟指派辦理此案的檢察官綁在一起，為什麼受害者不能聘請最好的律師？」

問得好，媽。我知道教科書的答案是什麼——因為刑事犯罪實際上屬於侵害國家，並非針對個人——但教科書的答案不能給予受害者什麼安慰，受害者必須受到資深刑事辯護律師的詰問，而犯罪者卻未必會受到資深檢察官的詰問。媽，妳說得沒錯。受害者應該有權聘請好的律師，聘請能夠在開審陳述中為其正確預期做好鋪陳的律師；受害者應該有權聘請能夠直接提問，巧妙地以令人信服、邏輯方式誘導證詞的律師；他們應該有權聘請不用低頭看筆記就能有效盤問被告的律師，有權聘請在終結辯論時能結合激情與理性，讓陪審團達成共識的律師，聘請一位甚至能夠克服美國司法認可的最嚴苛舉證責任（即達到排除合理懷疑）的律師；他們有權聘請一位能夠預測被告辯護律師的下一步，並採取謀略應對的律師；他們有權找一位懂得說服藝術的律師。

即使在法庭之外，人們也希望自己既能得到有效的辯護，又能成為有效的辯護人。如果工作中出現關於升遷或新業務機會的談話機會，你會想參與其中，而要成為談話的一員，可能與你是不是有效的溝通者有相當大的關係。事實上，你會想成為談話中不可或缺的一員。

這就是我在法庭上十六年來努力達成的目標：成為受害者願意選擇的辯護人，假如他或她真能像我母親心裡期盼的那樣，能夠挑選國內任何一位律師來擔任他們律師的話……。擔任受害者或受害者家庭的實質辯護人須背負沉重的壓力，但在你日常生活的其它領域，這種壓力並不會減輕多少，你也需要為某些事或某個人成功辯護，你也需要說服他人在某個議題上更接近你的思路，或者至少瞭解你為何相信自己的想法。法庭是我的工作場所，而你也有你自己的工作場所，你我都一樣，都需要有能力進行訊息處理和溝通，以便達到預期結果。無論議題是關於謀殺案件、行銷或是身為人母。

我有時候會提到「謝客」（receiving line）工作。就是你希望別人在你離開時還能記住你的工作。如果我比太太先行離世，我會請她做兩件事：一、等我葬禮結束後再開始約會；二、確保我們孩子記得，他們父親最喜歡的工作是擔任檢察官。我會希望別人記住我這份工作，因為這是一份最有意義、最有目標、也最具挑戰性的工作：在公平和正當的程序下說服陪審團，利用具備可信度、符合事實、推理、合乎邏輯以及豐富多元的言詞表達，讓陪審團的判決從無罪到有罪。

溝通對話要如何進行，你會有你自己的版本，因為這些與你自己的生活息息相關。但現在就開始思考你想在生活、工作和愛情方面產生什麼樣的影響，永遠不嫌太早。

還有一件事我希望我太太別忘記：三、確保我們身旁最親近的家人朋友們能記得我上次起訴的案件，以及我為何這樣做的原因。

若你去過我在華盛頓特區的辦公室，想知道擺在我全家福照片旁邊的照片上那個小女孩是誰的話，她就是我處理過最後一起刑事案件的受害者。她是我最後一次站在陪審團面前的原因。

從小罹患先天腦性麻痺的十歲女童梅．懷德（Meah Weidner），遭母親男友痛下毒手毆打並搖晃致死。母親男友是一名消防員和緊急救護技術員（EMT），沒有任何犯罪紀錄。根據他的說法，女童的傷勢是她癲癇發作從輪椅上摔下來造成的，並聲稱自己可能是替她進行心肺復甦時不小心弄傷了她。但他堅稱，這只是一場意外，並非犯罪行為。

當時我已經一隻腳踏在法庭外，準備前往國會的路上，距離就職宣誓只剩幾個星期。辦公室裡肯定會有別人接下這起案件，我們辦公室裡面有許多非常優秀的檢察官，相信一定有人可以替梅討回公道。但我母親的聲音始終在腦海中縈繞：「為什麼被告可以用錢請到最好的律師，受害者卻不能？」

母親的聲音，加上自己身為人父的心情，促使我接下卷宗親自辦案。我想為那位再也不能說話的小女孩發聲，我想保護那位無法保護自己的女孩，為了那位坐在輪椅上的女孩，我願在陪審團面前來回踱步，珍視她生命的程度就如同人們珍視自己孩子一樣。我會代替她進行有效的說服，因為這是符合公平且正義的事。

要讓十二名陪審團相信，眼前這位有好工作、沒有前科的男子殺害一名手無寸鐵的孩童，並不是件簡單的事。但事實就是如此，所以我運用邏輯、真相以及最重要的提問來進行說服工作。我向陪審團提了幾個問題。當然，有些問題是要讓他們瞭解必要資訊，進而形成完善的觀點；有些是他們和我都已經知道答案的問題。但是，所有問題的最終目的，都是要讓他們自行判斷真相。

最後，陪審團十二人都認定他「有罪」，判定該男子殺害了梅．懷德，法官判處他終身監禁、不得假釋。從法庭內的氣氛和陪審團達成裁定的速度可以清楚看出，他們被這位年幼女孩的生命所打動，令他們能同理我的感受，令他們能對梅生命的珍視程度就如同對自己的子孫輩一樣，使他們能做出正確的判斷。

把梅的照片擺在辦公桌上，可以提醒我許多事情：莫忘生命的脆弱、年輕人的純真、為他人挺身而出的動力，以及我們每個人都會有需要為某些重要事情辯護的時候。不可否認，利用問題來改變他人是一種獨特的說服方式，但我相信，提問是最高層次說服不可或缺的部分。大多數人都可以藉由說明自己觀點和解釋原因來說服別人，但你能在適當的時間和順序裡提出適當的問題來說服他人嗎？更重要的，你能讓與你交談的人說服他們自己嗎？

你不需要在法庭上為別人辯護，也不需要加入國會捍衛某個理想。說服他人的機會比比皆是，從法庭到客廳、從街道對面的鄰居到辦公桌對面與客戶交談、從說服陪審團到說服老闆，我們每個人都有機會和偶爾有義務要去說服他人。

最有說服力的人傾聽跟講話一樣多；最有說服力的人，問的問題與回答的問題一樣多。提問不僅是獲取訊息的必要條件，如果你想讓別人更瞭解你的立場，或者只是讓他人相互瞭解，那麼在對的時間用正確的方法提問，可能會是你最有效的工具。

達成共識？也許不會

十六年的檢察官生涯教會我如何成為一名律師，教會我瞭解本國公民，教會我如何與他們溝通、說服他們，用確鑿的證據勸誘他們，也教會我如何拆解不可靠的證據。法庭是一種文化與人類學的培養皿，在這裡，人類光譜的所有面向都會受到考驗、分析及審判。這就是為什麼適用於法庭的溝通技巧也能實際應用在現實生活中。

如果你在自家客廳或會議室運用我們司法體系所採用的流程與程序，可能會有人跟你說：「這裡又不是法庭。」已故的以利亞・康明茲（Elijah Cummings）在擔任國會議員之前是名傑出的律師，他有次在委員會聽證會溫和地責怪我說：「這裡是法庭嗎？……難道這裡採用聯邦證據規則（**Federal Rules of Evidence**）嗎？」美國前國稅局（IRS）局長約翰・柯斯基寧（**John Koskinen**）和我在委員會會議室外總保持良好關係，某次他在回答問題時問說：「請問現在是審訊嗎？這裡有人正在受審嗎？」不是的，委員會聽證會並非法庭，這裡也不遵循法庭在證據、程序或流程方面的規則，但也許它們應該遵循。美國司法體系所採用的那些政策、規則、程序和法規並非只是因為在法庭使用，所以本質上合乎「公正性」。它們之所以能在法庭上使用，是因為承受得住時間的考驗，我們集體認同這些規章是闡明真相的最佳工具。換句話說，只因為在法庭上使用就說這些規章合乎公正性是不對的說法，這些規章能夠在法庭上使用，是因為這些是公正的規則。公正性才是最重要的。

儘管我熱愛正義、公平、追求真理及說服陪審團，但我還是離開了法庭，因為我無法回答自己關於法庭以外所發生的問題。我無法使我的精神信仰與每天所見事物達成一致。人類彼此越來越殘忍，傷害無辜，殺害自己聲稱所愛之人，弱勢族群成為受害者。社會滋生無端暴力、道德敗壞、充滿仇恨。

在現實世界中，絕大多數人都是善良、仁慈、守法，樂於助人。但在司法體系情況並非如此，導致最後對人性產生錯誤認知。法庭不會審判好人、正直或善良的人，這些審判都是針對那些謀殺、強姦或竊盜之人。當你每天都與這些人往來時，你對人類的想法很快就會與社會脫節。當你眼裡看到的只有邪惡，你就會誤以為邪惡就是一切。

我記得，在我越來越懷疑人性時，常常想起一句古老的基督教格言（引自聖經某段經文）：「萬事皆互相效力得益處。」（All things work together for good.）在基督教家庭長大的人應該經常聽到這句話。

萬事皆如此嗎？那些被菸頭燙臉的孩子們呢？被性侵的孩子呢？被榔頭打死的無辜夫婦呢？因遭到父親強暴而需縫合傷口的三個月大的孩子呢？那麼梅呢？這些難道就是神祢所謂「萬事皆互相效力得益處」的意思？

我在法庭上的表現相當不錯，幾乎能在任何想要和必要的時候，說服十二人排除所有合理懷疑。十六年來，我可以讓十二個完全陌生的人齊聚一堂並達成共識，對我來說，無論是說服美國公民或法官，都不是什麼難事。

難的是每天晚上下班後，我從法庭開車返家，那些答案開始被一個個反詰問句擊垮。到最後，白晝逐漸被黑夜取代，我努力想抹去腦海中對犯罪現場照片的記憶。家人熟睡的時候，我在床上輾轉難眠，努力分辨外頭傳來的是風聲還是趁勢闖入的邪惡和墮落聲響。我難以將工作與生活其餘部分切割開來，對我最親愛的家人亦是如此。差不多有一年的時間，我家女兒會拖著她的枕頭和毯子到我跟我太太的臥室，然後放在我們床邊地板上。她一定是放在我睡的這個方向，因為她知道媽媽會要她回自己房間，而我不會。我甚至試著尋求上帝解決這個問題，但這位陪伴我渡過成長期不安或焦慮的上帝，不是沒聽就是不理睬。

打敗我的並不是法庭上的辯護律師或陪審團，而是在我自己腦海裡的律師和陪審團。

我永遠無法說服自己，慈愛的上帝忍心讓一個孩子被自己父親燒死、打死或強暴；我永遠無法說服自己，仁愛的上帝竟會讓一個腦麻孩童慘遭自己母親的男友殺害；我永遠無法說服自己，所有事情最終都會朝往好的方向發展，因為對許多無辜之人而言，結局就是死亡，死亡沒有任何談判、妥協或說服的餘地。對於那些倖存下來的人來說，一生將充滿痛苦、恐懼和不信任；他們的問題總是勝過我的回答。我可以告訴他們誰是兇手，只是永遠無法跟他們說清楚原因。

所以我離開法庭的時候，只剩下一點殘餘的信念。我像個憤世嫉俗的人，離開時眼神只剩一絲孱弱的微光。在這些質詢轉化成憤怒、憤怒變成完全不抱任何希望之前，我就離開了。

現在該怎麼辦？當法庭不再是一個選擇，那些喜歡說服的人能去哪裡？或許是參加更大的陪審團？或許是從政？或許是加入國會？

或許都不是。

說來也怪，我離開國會時對人類的評價，確實比離開法庭時來得高，但我還是選擇離開。我離開法庭是因為那些問題勝過回答，而我離開國會是因為那些問題對政治無關緊要，華盛頓特區幾乎每個人都已經自有一套想法。

即使不在華盛頓特區，幾乎每個人對議題都已有自己的看法。政治是馬不停蹄的，每天都是一場小型選舉日。生活中似乎越來越多的事物帶有政治色彩。職業美式足球聯盟（NFL）被政治化，音樂和電影頒獎典禮涉及政治，颶風與病毒帶有政治色彩，就連在自家廚房的餐桌上，政治也伺機而動，試著插入我們的對話之中。

在國會任職的八年期間，我沒有印象哪個人在委員會或議會辯論期間改變想法。說服需要對方抱持開放的心態，你不能改變一個不願意改變的人，你不能說服一個不願意被說服的人。陪審團成員能夠接受被說服，但國會議員（至少是在現代政治環境下的議員）不願被說服，就算被說服也不肯承認。

在國會工作八年之後，我開始確信所有問題都無關緊要，因為除了我以外，幾乎沒有機會說服任何人。提問的效率極低，但挾帶的訊息量卻相當驚人。奇怪的是，當我在國會的時候，變得更願意被說服。說服我的不是演講或委員會聽證會，而是聰明、可靠的人提出以事實為主的論點，努力讓更多人知道和理解，並且在過程中願意傾聽和瞭解我的立場。

在華盛頓特區的那段歲月讓我瞭解，來到議桌前的人各自擁有不同的經驗，每個人的觀點都是透過那些經驗的濾鏡呈現出來。我同不同意並不重要。每個人理應擁有發言權，如果每個人都能以相同的工具和知識成功地說服對方，那麼爭議就會變成對話，對話變成重要的問題，該問題就能產生真實且有意義的影響。

站在國會大廈的大理石地板上，我領悟到，說服不是爭贏辯論，而是想要迅速且有效地提倡自己相信的事物。說服是一種更加微妙的方法，當你對某個人提出一系列對的問題時，這種方法可以讓對方自然而然走向你希望達到之處。說服就是理解他人的觀點以及他們為何會有這樣的觀點，然後運用說服來揭露或證實他們的立場。說服是不易察覺、漸進且深思熟慮的，很有可能因此改變人生。

想開始學習怎麼說服了嗎？

一九八六年七月，我與兒時好友基斯．考克（Keith Cox）、還有他的家人在海灘渡假。那年夏天我剛從大學畢業，不知道下一步該做什麼——我的主修是欠缺方向和動機的歷史。當時的我之所以沒有為往後人生做好規劃，只是因為我沒有規劃未來的渴望。某天上午，我與好友的家人坐在外面的走廊上，眺望著大西洋，基斯母親請我陪她喝完手中的咖啡。其他人都去海灘了。

「下一步你打算做什麼呢，親愛的？」她問道。

「我還不曉得，考克太太，或許會去新墨西哥州拉斯克魯塞斯（Las Cruces），和一個大學同學從事建築工作。」我們坐著聊天，她和藹地向我拋出一個又一個問題，問題極多，但這些都是出自於一位母親對兒子最好朋友和從小看著長大孩子的疼愛。她沒有試圖說服我做任何事情。她既不是精神科醫師，也不是律師，她是一位全職媽媽，想盡辦法循序漸進地提出對的問題。

她在那個三十分鐘內達成的事，改變了我的人生。她讓我從原本要去新墨西哥州拉斯克魯塞斯從事建築，改去就讀法學院。透過傾聽、關心、追問對的問題，她在那天上午請我留步之前就已經看到她的目標，並成功地攻克我的自我懷疑，同時也喚醒我的自豪感。她說：「去讓那些質疑的人大吃一驚，特雷，在生活中做些了不起的事情。你要知道，這些事情之所以不會讓我驚艷，是因為我在你小的時候就見識過了。這是我們的秘密，去讓其他人驚嘆不已吧！」

讓某人去做原本不打算做的事，說服某人相信他們從未意識到自己在尋求的事物，這就是說服力。朋友的媽媽花了三十分鐘，讓我打消念頭跑到半個國家遠的地方蓋房子，決定待在南卡羅萊納州研究侵權行為和憲法。她懷抱同理心、腦中有個預設結果、並提出對的問題，她說服我去做的不只是繼續念三年多的書，也不在乎我是否就讀法學院，她在乎的是讓我對自己懷抱更高的期望，而不是像那天早晨醒來時的那樣。

你可能永遠都不會站在陪審團面前，為刑事訴訟中的某個裁決進行辯護，或在政治競選期間自我爭取當選的機會。你只是想要被傾聽，想要有人理解。你渴望有效地傳達自己的理念、為何有這個理念、以及為何其他人也應該採納你的立場。也許你永遠都不會在激烈的辯論中爭取美國參議院的席次，也許你的人生有比這些更重要的事情，例如說服孩子志向高遠、對自己有更多的期待、更努力地爭取。也許你只是渴望能夠更有效地向同事、家人或伴侶表達自己的立場。也許你渴望大膽說出內心話，但不確定自己有沒有辦法在工作場所、禮拜會堂或同學聚會上跟人談笑風生。

我想幫助你成為更好的辯護者，透過提問的藝術，讓你在正確的時間點、依循正確的順序、用對的形式提出對的問題，不管你是否知道自己提問的答案，都能完善表達你的想法。說服在某程度上是種積極舉證的責任，但某程度上也是透過質疑的藝術來證明你的觀點。

想開始學習說服他人了嗎？

一開始你必須先回答這個最基本的問題。這是我最喜歡問的題目，反問自己的內心。我曾以檢察官的身分向警察和一般證人（lay witnesses）提過這個問題，每次出席國會聽證會之前，都會問問自己。現在進行任何演講之前，我也會自我反問，不管演講的對象是面對滿屋子的律師，還是我太太的一年級學生。

你想實現什麼？

這個問題的後面緊接著另一個類似的問題：

你的目標是什麼？
交流結束後，你怎麼衡量成功？
誰是你的陪審團？
證明起來有多困難？

無論你是想說服陪審團判定某個被告犯可能犯下死罪，或是說服你正值青春期的孩子打掃他／她的房間，在你開始交談之前（在你準備開口之前），先問問自己這些問題。雖然說服青少年去打掃自己的房間確實比較困難，但這也是你日常生活中比較可能碰到的情況。

有的時候，你想達成的目標並不是那麼明確。有時候你渴望打動你的聽眾，讓他們在意識型態光譜上站在你這邊。也許問題不在於讓你的孩子打掃自己房間，而是說服他在大學主修課程方面做些選擇。你必須溫和地引導他們在心中有個特定目標，而不是意圖提出觀點（「請投票支持我的看法，因為我的看法最理想！」）或是證明自己論點（「兒子你要知道，主修英文的學生更有可能成為職場適應力強的應試者。」）。也許重點不在於為你的候選人贏得選票，而是讓別人轉念不投給他們的候選人。有幾次在國會的時候，我的目標不是讓他人跟我一起投票（因為這是永遠不可能發生的），而是讓他們投票給自己想要但影響較小的項目，或是讓他們喝杯咖啡休息一下，然後完全錯過委員會的投票（開玩笑的……反正諸如此類）。若是換成我兒子華生，我的目標不是想要他修英文，而是不要去修他的第一選擇政治學。因為沒有哪個青春期的孩子（或是任何人）喜歡被直接告知該做什麼，所以提問就是最隱約且有效的說服方式。他想修政治學，我想要他修英文，最後他選擇哲學。我想我成功了。

無論是與誰交談、誰是你的陪審團，在開口說話之前，你都必須充分掌握自己的目標。

你是想建立關係、修復關係、提升關係，還是結束關係？

你是想安撫糾紛還是激怒他人？

你的目標是達成共識還是造成衝突？

如果你的目標是讓關係破裂、激怒聽眾、認可一些人堅持但卻錯誤的想法，那麼這本書不會給予太多的幫助。在與其他人或團體的大多數交談方面，我的目標是溫和地讓傾聽者轉變到新的立場，或是讓對方對舊的想法重新燃起熱情。

那麼要如何說服別人？哪些作法管用？哪些作法不行？

我們將在本書探討如何說服、這項說服技巧為何是最值得採用的，以及你可以使用什麼工具，讓你在面對生活上的重要問題和重要人物時變得更有說服力。

在第一部分，我們的焦點將擺在自我導向的問題方面，並在本質上奠定基礎：為何提問？什麼是真正的說服力？我會幫助你找到自己的目標、認識你的陪審團、確立你的證明責任，並且引導你在成為好的溝通者時哪些方法有效、哪些方法無效。

一旦瞭解這些要素，你就可以開始進行說服。在第二部分，自我導向的問題將轉向並針對被說服者。我們這裡的焦點將擺在你可以使用的特定問題類型，還有幫助你擬定問題的工具。有時候是認真的提問，真的想要獲取資訊的問題；有時候是策略性的提問以得到想要的答案；有時候答案並不重要，而是為了引起反應，為了拆穿和質疑你的「陪審團」。

第三部分會告訴你如何在日常生活中將說服的藝術付諸行動。雖然我可能是個憤世派，但說服大多與理想主義有關。說服指的是，思想開放的人能夠就他們真正關心的事情進行有意義的對話；指的是，那些立場對立的人都願意傾聽且願意被說服。

不可否認，當我們對於某些自己信仰的事物慷慨激昂的時候，我們會覺得自己受到感召，要代替它們讓人改變信仰，並且不惜代價去這樣做。但說服是以建設性的方式來達成。在對的時間、用對的方式、提出對的問題，這門說服藝術是你溝通的關鍵。事實上，如果你想要打動你交談對象的內心和思想，提出對的問題、傾聽對方的回應，並且有條理地採取進一步行動將是不可或缺的能力。

因此，我們說服他人的目標應該有以下：努力和那些與我們交談的人溝通並且打動他們。讓他人從同意變成不同意；讓他人的立場變得不確定；讓他人理解我們的立場；讓他人從新的觀點和視野看待事情；讓他們感受到你的感受、理解你所理解的、思考你所思考的。打動他們去做值得做的事情、好的事情和對的事情；說服他們聘用你、給你機會、給你更多的責任。打動他人嘗試採用你的想法，讓他人對於你投入的事物也有一樣程度的投入。

那我們現在就開始吧！

第一部分

在你開口前需要知道哪些事？

第一章
世上沒有蠢問題？才怪！

那個藍色袋子是什麼顏色？

凶殺案是一件嚴肅悲傷的事，一條生命已經消逝，另一人正在接受審判，面臨終身監禁的現實，沒有假釋的機會，或者更嚴重的是，有可能被判處死刑。所以你能想像得到，在任何刑事審判中都沒有幽默的空間。然而，我在第一次進行死刑審判時卻讓全場都笑出眼淚了。那些說「世上沒有蠢問題」的人，都不是二〇〇一年秋天坐在斯帕坦堡郡法庭（Spartanburg County Courthouse）裡面的人。

在這起案件中，一名超商店員因為一筆微不足道的小錢遭到搶劫並殺害。該名店員工作勤奮，為人善良且正直，在生活上克服過很多困難，如果嫌犯開口要錢，他是會把錢給嫌犯的那種人。

大多數像這樣的案件，只有兩名當事人，而且一名（受害人）已經死亡，所以除了法醫鑑識或任何可能持有的物證之外，你得仰賴被告的肯定性陳述、供詞或不實的辯解陳述。但在這起案件裡，還有另一名目擊證人，當搶劫和槍擊事件發生時，他正坐在一旁玩電動撲克遊戲。

當你有了額外的目擊證人，就會想提前跟他們見面，瞭解要講的內容以及該如何準備。在這起案件中，我與該名目擊證人見過很多次。他非常重要（事實上是極其重要），雖然他在死刑審判中作證時可能會很緊張，但其態度誠懇且可靠。

現在是他出庭表態的時候了。敘述背景給陪審團聽是很重要的事，包括商店規模、證人與收銀機和店員的相對位置、他可以觀察的機會、沒有毒品或酒精影響他的感知能力、以及其它預設陪審團可能會提的問題。

「你和超商前門之間有任何物品嗎？」

「沒有。」

「有任何東西擋住你的視線嗎？」

「沒有。」

「燈是否開著？」

「是的。」

「室內是否煙霧瀰漫或昏暗？」

「沒有。」

「你當時有喝醉嗎？」

「沒有。」

「抱歉問個涉及私人的問題，請問你有沒有服用過處方藥或其它藥物？」

「沒有。」

「嫌疑人走過前門的時候，你注意到他了嗎？」

「有。」

「嫌疑人進門的時候，超商內還有其他人嗎？」

「只有我跟店員。」

「嫌疑人走進來時，你的視線有離開過他嗎？」

「沒有。」

「你有看清楚嫌疑人的長相嗎？」

「有。」

「接下來發生什麼事了？」

「那個人走到櫃台前面，然後掏出一把槍。」

「你看得到那把槍嗎？」

「可以。」

「你能向陪審團描述那把槍的樣子嗎？」

「好。槍是黑色的，看起來像手槍，但不是左輪手槍。」

到目前為止該證人都表現得很好，應訊對答一切正常，清楚且精確。但顯然我並沒有就此滿意，我必須繼續問下去。

「先生，我注意到你沒有戴眼鏡，那天晚上你有戴眼鏡嗎？」

「沒有。」

「你的視力很好嗎？」

「對，我的右眼視力很好。」

他剛剛說了什麼？證人先生，你不是獨眼巨人！你有兩隻眼睛啊！

我內心這麼想著。

我給自己惹了什麼麻煩？我該怎麼解套？接下來我該問什麼、說什麼？我應該到此為止，然後希望陪審團沒有聽到他說的話嗎？還是希望陪審團不記得所有人類都有兩隻眼睛？你必須做點什麼，笨蛋特雷，你不能就這樣懸在空中！

「是啊是啊，你的右眼視力當然很好，」我只能這樣說。

「那麼你的左眼……呢？」（換來一陣痛苦的沉默）

「左眼是假的。」

「嗯，是啊，先生，左眼是義眼。」

「對……，左眼是假的，」他回答。

我有一位目擊證人，但我與其他人一樣現在才發現，他只有一隻眼睛看得到。

我很不安，此時我真希望自己出現在世界上其它地方，去伊夫堡（Château d'If）怎麼樣？帶我走！任何地方都好過待在這個法庭。我們在出庭之前，完全沒有問過證人的眼睛狀況。沒有比這更糟的情況了，對吧？但更糟糕的事情還在後頭。

「接下來發生什麼了？」我問道。

「嗯，嫌疑人手裡拿著一個藍色袋子。」

「好，那個藍色袋子是什麼顏色？」

整個法庭哄堂大笑，而那隻眼睛一直看著我，彷彿我瘋了一樣。

也許他沒有聽清楚我說的話，於是我又重複一遍問題，「先生，那個藍色袋子是什麼顏色？」

更多笑聲傳來。

怎麼回事？為什麼大家會在死刑審判中大笑？

還沒等我重複第三次這個英語系國家史上最愚蠢的問題，法官便大發慈悲地說：「地區檢察官，我想陪審團現在知道那個藍色袋子是什麼顏色了！你可以繼續問下一題了。」

提問的答案可能是肯定的。提問可能是真心想要得到更多的資訊。提問可能是為了再三確認。有些問題你已經知道答案，但你的「陪審團」可能有些人並不知道，所以你用提問的方式來傳遞訊息給他人而不是自己。提問可能是質疑或削弱對方論點。提問可能具有防禦性，讓你重新整編、轉移、重新引導別人的注意力，以待下回反擊論點的機會。

還有一些就是很愚蠢的問題。

問題有好的也有不好的，有時候同樣一個問題的好壞是根據提問的情況而定。若是審訊前幾週，在我的辦公室裡詢問我的目擊證人關於他的視力，就是一個很好的問題……。

我在法務官辦公室（Solicitor's Office）*的工作人員給了我一張這次審判庭上的照片，是當地一家報紙的攝影師在證人說「我的右眼視力很好」時所拍攝的。我的工作人員之所以拿那次審判的照片給我，是因為當證人提到他的一隻眼睛時，我的臉部完全沒有明顯的反應。我的內心其實在垂死掙扎，但陪審團從我的外表看不出來——也就是說，直到我問了藍色袋子是什麼顏色，才讓這個錯誤變得更嚴重。我撐過了第一個糟糕的問題，卻因問了第二個糟糕的問題而錯失時機。

防禦機制

沒有人天生就知道如何提出對的問題。即使是我們當中最聰明的人，也不一定擅長提問。這樣做的藝術可能源自於多個推動力，對我而言，提問是幾個思路的匯集，由以下幾個方面組成：

一、對自己的能力缺乏信心；二、承認人性的本質是喜歡說話多於傾聽；三、在無止盡的內心對話中花費了許多時間；四、意識到問對的問題是扭轉局面的黑魔法（devilish way）。

使用疑問句而非陳述性語句的首要動機是，我把提問當成一種防禦機制，過去如此，現在仍是如此。我從不認為自己聰明到可以加入聰明人士的對話，但我對他們的領域很感興趣。

我爸爸很聰明，他是名醫生，所以我會問他一些關於醫學的問題。例如血壓的最高數字代表什麼意思？為什麼九十五算是高靜止心率（resting heart rate）？孩童怎麼會罹患白血病？

和我從小一起長大的好朋友基斯．考克最後考上杜克大學（Duke University），並成為口腔外科醫生，他真的很聰明。我應該讓他知道我並不聰明，還是問些問題來掩飾？

蘭迪．貝爾（Randy Bell）法官是我一生中遇過最聰明的人之一。他是南卡州上訴法院的法官，最後獲選為南卡州最高法院的大法官，但不幸在就職前逝世。

我認識他的時候，他在上訴法院任職，那是我剛從法學院畢業的第一年。他是洗腎病患，固定從南卡州哥倫比亞前往喬治亞州奧古斯塔進行洗腎，所以需要有人接送，於是我接下這項任務。他是法律學者、羅馬文化方面的專家，而且對英美法系（English common law，或稱判例法）

---

* 南卡羅萊納州以巡迴法務官（circuit solicitors）來稱呼地區檢察官（district attorneys）。工作內容是相同的，法務官負責起訴轄區內的所有刑事案件。

相當熟悉，能夠引導關於自然法和實證主義的討論。想在蘭迪．貝爾這樣的人心中留下深刻印象是人之常情，我想談論自己所知道的事情然後展開對話。記得我們剛認識不久的某天下午，我開車送他到奧古斯塔，他在講述紐倫堡審判（Nuremberg Trials），但當時我對此一無所知。然後他把話題轉移至共同過失（contributory negligence，又稱混和過失、可歸責於己的過失）與比較過失（comparative negligence），我對該話題也不清楚。他不斷變換話題，從羅馬神話講到道義論（deontology），試圖找到一些話題、任何可以讓我參與對話的主題。

但他默驢技窮了。

最後他問我：「孩子，你都知道些什麼？你想談些什麼？」

我其實想聊的是自己怎麼會和一位羅馬法專家待在車上，但我卻回他：「NASCAR（全美運動汽車競賽，又譯美國房車改裝賽），我最近喜歡上NASCAR。」

「很好，」他回應道：「跟我聊聊NASCAR的起源吧。」

接著又是一陣沉默。

「我只知道理查．佩蒂（Richard Petty），就這樣，法官大人。」

那是我人生中另一個最糟時刻。我擁有歷史學士學位和法律學位，卻沒有真正的知識，我和即將成為南卡州最高法院的法官坐在同一輛車，他拼命試著找尋世界上任何一個我熟悉的領域，可以在往返南卡州哥倫比亞與喬治亞州奧古斯塔的旅途空檔中聊天的話題，結果卻一無斬獲。我也經常出現自卑的失落感：**我覺得自己真的不聰明，我該如何偽裝？我該如何掩飾缺點？要怎麼在不暴露巨大知識落差的情況下參與對話或專業互動？**

你可以選擇迅速變聰明，或者找到一種方法來完全掩飾自己認為的知識匱乏。你可以選擇填補知識缺口或選擇填補時間，又或者，你可以找到一種同時滿足兩者的方法，那就是提問。

當時面對貝爾法官或許可以這樣說：

> 我不瞭解羅馬神話，但我對希臘神話有點印象。希臘眾神與羅馬眾神一樣嗎？還是他們只是名字不同？你最喜歡的神話人物是誰？如果可以選擇，貝爾法官你想要哪種神話人物的力量？比起雅典，你似乎更喜歡羅馬？為什麼呢？你能跟我聊聊斯巴達文化嗎？我的家鄉斯帕坦堡是以斯巴達命名的嗎？
>
> 英美判例法嗎？我對這方面不太瞭解。但以我懂得的範圍內可以去問，為什麼有些判例法是由立法機關編纂或通過，但有些卻不是？如果判例法與成文法（statutory law）之間出現衝突，以哪個法條為主？請問貝爾法官，有聯邦判例法（federal common law）嗎？

你可以利用人類最主要的需求之一來學習和消磨時間，那就是被傾聽的渴望。大多數人都有想要說話的天性，所以我利用了這點。比起傾聽，人類更愛說話，若能善加利用人性，我就能掩飾自己的不足。因此，我用不想被人認為無知的渴望來壓抑或取代自己想被傾聽的渴望——如此一來，對你我不都是雙贏嗎？你可以盡情說話，我可以傾聽和學習，還能避免未能達到對方期望的那股失落感。相信我，提問永遠是最安全的選擇。

愚蠢的問題總比愚蠢的答案好

每當談到說服的藝術，我們通常會想到以下形式：開場白、提出主張、闡述論點。接著是一連串的說明、陳述、證實、描述、聲明、發言，慢慢地建構一個論點，然後盡可能減少漏洞並補充更多有力的主張。這是傳統模式，但如果有更好的方法呢？

我們一般不會想到可以藉由提出一系列的問題來達到說服目的，人們通常認為提問是被動而非主動的行為，對吧？提問有時會被當成是不知道某件事答案的證據，提問會讓人顯得軟弱、狀況外、無知、不確定。那也許是別人想讓我們以為的樣子，但那與我自己的經驗截然相反。提問可以爭取時間、蒐集訊息、拉近人與人之間的聯繫，以那種無法靠簡單表明自己理念的方式進行說服。

前面大家已經見證到，「世上沒有蠢問題」這句古諺在我的例子裡輕而易舉就被推翻，但其中仍有一些值得認可的道理。固然有一些思慮不周、措辭不當和不明智的問題，但即使是最愚蠢的問題，也比愚蠢的陳述聲明好上一千倍。

從自己口中說出的每一句陳述性評論都要自己負責，但若以提問方式，你的說法就會有個台階下。正因如此，提問也許是說服藝術中最重要且最保險的方式。

無論是問什麼內容，如果原本想法大錯特錯，你可以回說：「我不知道，所以才會問。」如果原本想法無誤，你可以回說：「我也這麼認為。」除了尋求更多的資訊，你不會有任何愧疚感，這就是聽起來愚蠢和真愚蠢之間的差別。

聽起來愚蠢的問法會是：**《罪與罰》（Crime and Punishment）的作者是誰？**

真愚蠢的說法會是：**托爾斯泰（Leo Tolstoy）是《罪與罰》的作者。**

當然，前者顯示了缺乏資訊的情況，但後者暴露出你自以為知道但實際並不知道的情況，從那一刻起，所有從你口中說出來的話都變得不可靠。前者只是無心的記憶失誤（單純忘記），但後者卻是不老實的情報錯誤（不懂裝懂）。

往後你會相信誰？是老實並提出中肯問題的人，還是明顯說假話的人？是好奇愛問的人，還是堅定說謊的人？我們都見過下述類型的人：在商業會議上，為支持某個觀點或談成某樁生意，這類人會提出不實陳述，結果謊言卻被當場揭穿或將來被拆穿。一旦作出虛假陳述，你就會在與你談話的人或正在聽你講話的人的心中失去信任度。

雖然我們肯定會更深入探討，但這裡也有些不那麼愚蠢的問題，可以達成所有追求提問藝術的最佳理由。比方說，如果你發現自己正與人談論關於《罪與罰》（我最喜歡的書），你對於這個主題既不瞭解也沒有興趣，但又想與我在漫長且痛苦的汽車之旅中保有自我，那麼能夠提出的更好問題是：

- 你認為《罪與罰》真正的內涵是什麼？
- 你認為作者為什麼寫這本書……？
- 《罪與罰》？真有意思，那麼這本書與你在司法體系的個人經驗有什麼關聯性嗎？
- 你喜歡《罪與罰》中的哪些部分？

糟糕的問題幾乎總是比錯誤的陳述來得好。有次我在聽復活節佈道會的錄音，傳教士在最後的晚餐（Last Supper）中提到路加（Luke）。路加？有說錯嗎？當時他並不在場，即使他在，也肯定不是十二門徒（Twelve Disciples）之一。若傳教士以提問的方式來說，情況會好很多。「當時路加在場嗎？」「你們能幫忙說出門徒的名字嗎？」「站在最後晚餐舉行的那個房間裡，你會有什麼感覺？」利用帶有疑問句的託辭，只是想知道更多的資訊。當你做出肯定、陳述性的說明，若是這些說明錯誤或未經證實，那麼你就會失去陪審團的信任。雖然可以使用「在我看來」作為這些說明的前言，但路加出現在最後晚餐並不是什麼開放認定的觀點，對吧？

身為傳教士，你的工作就是實實在在地說服他人皈依基督。這是一項艱鉅的任務，需要運用大量證據來支持論點。不管你犯下的錯誤是多麼無害，或者後面的觀點是多麼令人信服，像前述那樣的陳述句都可能讓聽眾對你的所有說服意圖產生質疑，立即停止傾聽接下來的任何內容。

如果傳教士犯下無心之過，把聖經四部福音書*的其中一個作者列入很多人可能也以為他在的場所，真的有關係嗎？可能無妨。或許，我對於最後的晚餐出現路加這件事會有如此反應，是因為我將自己的屬靈爭戰精神投射到一個理應比我更瞭解的人身上。儘管生活上有些過失不必付出代價，有些則要賠上生命，也有很多是介於兩者之間，但總有些錯誤會迫使你不得不面對自己的心魔，帶領你進入更深層次的內省。這種無關痛癢卻又顯而易見的錯誤對於信仰邊緣的聽眾來說意味著什麼？在傳播所謂聖經真理時，還可能出現哪些與事實不符的部分？這時候問題便轉向內部層面。

自我導向和自我說服

記得我前面提過那個聰明的醫生父親嗎？他對南卡羅萊納大學鬥雞美式足球隊（South

---

* 譯註：分別為馬可福音、馬太福音、路加福音和約翰福音。

Carolina Gamecock football）的熱愛，勝過生活上的任何事情。我非常肯定他愛南卡羅萊納鬥雞比愛我和三個妹妹更多（儘管他否認了這點），他會在開球前六小時把我們丟進一輛木質車身的旅行車，這樣我們就能悠哉地尾隨其後，到看臺上觀看……樂團暖場。沒錯，你沒眼花。不是觀看球員熱身，而是看球員上場前的樂團暖場。那是週六的全天活動，而我們從未遲到過。只有一次例外。

那天汽車駛離了位於斯帕坦堡東邊、我們家中的車道之後便右轉，而不是左轉開往洲際公路，前去哥倫比亞大學看比賽。接著又向右彎，最後停在拉娜與蘭迪．麥哈菲夫婦（**Lana and Randy Mahaffey**）和他們兩個兒子克萊（**Clay**）和大衛（**David**）居住的那條路上。克萊與大衛年紀只比我小一點，我和他們很熟。拉娜與蘭迪是我父母的摯友，他們倆人都是學校老師。麥哈菲一家跟我們上同一所教堂。蘭迪過去是、現在仍是傑出的高爾夫球手，即使已經八十多歲。我們都叫他「教授」（**professor**）。他教高中物理，而且能讓物理變得有趣並不容易。拉娜則教高中英文，我對閱讀的愛好有部分來自我在她課上讀的短篇小說。我們的後院相連，大到可以舉行全場的足球比賽。雖然克萊與大衛比我小一點，但我們還是會一起玩，我在十幾歲的時候甚至當過他們的保母。

爸爸到底為什麼會在比賽日當天到他們家？媽媽為什麼面無表情地坐在前座？當我們問爸爸還要在裡面待多久時，媽媽為什麼悶不吭聲？媽媽怎麼落淚了？

爸爸在屋內告訴他和媽媽的摯友，他們的小兒子大衛得了白血病。

「何人」、「何事」、「何時」、「何地」以及「如何」這些佔了生活一大部分的問題，在最棘手的「為什麼」問題面前，卻變得如此渺小和無關緊要。

與病魔抗爭的大衛．麥哈菲最終還是離世，我們每個人生命中至少享受過的一段童年純真也隨他死去。對我而言，那種純真將被人生意義的疑問所取代。

我們搬到另一棟同樣位於斯帕坦堡大約一英里遠的房子。這棟新房有三層樓，裡面設置了衣物滑道，我們可以把衣物從頂樓的通道口扔下去，衣物就會神奇地出現在地下室，這裡對我來說還有個最重要的功能：一個沒人會想到在那裡找到我的小衣櫥。而這裡就是我內心對話的開始：

> 我們從何而來？有沒有神所揀選的靈魂寶庫？我怎麼會被選進這個家庭？靈魂是循環的嗎？大衛可能以他人兒子的身分回來嗎？他現在在哪裡？為什麼我沒有兄弟？拉娜與蘭迪只有兩個孩子，為什麼上帝要帶走大衛？為什麼不帶走我或是我其中一個妹妹？如果祂這麼做了，我父母還會有三個小孩嗎？

我不一定喜歡割幾個小時的草，但我可以和自己對話，我喜歡那樣；我不喜歡一個人坐在旅行車的第三排座位，但我可以和自己講話，我喜歡那樣；我不喜歡凌晨四點起床，騎著電動腳踏車送報紙，但沒人起床的時候我可以和自己對話，我喜歡那樣。

像這樣的對話一直持續到今天，我不斷地詢問自己問題，並演練自己想向別人提出的問題。在法庭上作出的結案陳述，都是我幾週前推著割草機想出來的；在國會上發表的演說，都是我獨自駕車往返機場時思考而來。在現實生活發生以前，我會先在腦海進行演練一遍。我該怎麼問這題？如果她這樣說呢？如果是這個答案，問題要轉到哪個方向？如何用同樣的速度和敏銳度處理「是」或「不是」？

所以，沒錯，提問是幾個因素自然和可能性的集合：一、對自己的能力缺乏信心；二、首先是意識到人性本質是什麼，然後承認人性本質（每個人都渴望被傾聽，於是我決定閉嘴傾聽就有了優勢）；三、我花了好幾個小時進行無止盡的內心對話，試圖理解自己所信仰的事物、為什麼我相信它、以及這些理念是否經得起公眾檢視的考驗；最後，四、久而久之，在談話中扭轉情勢或緩和緊張局面、避免即將發生的衝突中，提問成為一種極其有效的作法。提問似乎是溝通和說服的最佳方式，同時也降低自曝其短的風險。但最重要的是，打從我有記憶以來，提問一直是我說服別人的方式，因為有記憶以來，提問就是我說服自己的方式。

三乘以零等於三

我說過拉娜與蘭迪有兩個兒子：克萊與大衛。克萊仍然是我的朋友，只是沒有像過去那麼常打高爾夫球。他很早就結婚，娶了一位名叫史黛西（Stacey）的好女人。他就讀克萊姆森大學（Clemson University）（沒有人是完美的）並成為一名工程師。如果你仔細觀察，就會發現生活開始出現某種對稱性（symmetry）。克萊的父親讓我終身熱愛高爾夫球。克萊第一次一桿進洞的時候，我也在場，這就是為什麼我叫他「Ace」（一桿進洞）而不是克萊，沒有人這樣叫他。

克萊與史黛西也有自己的孩子。他們給第一個兒子命名為大衛，大衛．麥哈菲（David Mahaffey）二世。這位大衛．麥哈菲是體格強壯且頭腦聰明的大學生，同時也是高爾夫球手，在我們兩家族半世紀以來一起打過無數場球的球場工作。

大衛．麥哈菲在SAT（學術水準測驗考試）數學項目的得分，比我所有項目的分數總和還要高，別笑！他的分數可能也比你們高。所以，我當然要和他談談數學方面，對吧？我喜歡挑戰，喜歡挑戰巨人歌利亞（Goliath，聖經人物）。

問自己數學問題很簡單：我不知道我的答案是否正確。這種對話能有多困難？但是問一個數學好的人問題，那就是挑戰。說服比我更博學多聞的人，這就是說服的藝術。

「三乘以零是多少？」我問年輕的大衛．麥哈菲。

他看我的樣子彷彿我在發神經，「答案是零，高迪先生，大家都知道答案。」

「我不知道，大衛。我認為答案不是這樣。零乘以三等於零，我同意，但三乘以零不是零。」

「抱歉，高迪先生，但答案就是這樣。」

「誰說的？」

「人人都這麼說。」

「但我不是人嗎？你是不是因為我對虛無的看法與你不同，就不重視我的想法？難道我不算個人嗎？我不重要嗎，大衛？」

「呃，高迪先生，任何數字乘以零都等於零，」大衛回答。

「不，大衛，我不相信。三乘以零等於三，你不能讓我有的東西消失。我有三件東西，我只是把它乘以零，但我的三件東西並沒有消失，我不認同在等式裡承認它的存在，卻裝作好像什麼都不存在一樣。我不能認同這點，不能支持這種說法，這是錯的，大衛。你想要我這樣嗎？你想要我假裝存在的東西根本不存在嗎？」

此時，高爾夫球職業球場總教練、兩位助理教練和六、七個工作人員都站在我們周圍。我就是為這些時刻而生的！

「大衛，我愛你，我認識你家人很久了。你爺爺教我物理，你奶奶教我英文，你父親第一次打出一桿進洞的時候我就在現場。順道一提，你是指你父親並沒有真的一桿進洞，只因為你並不在場嗎？你說的不存在就是這個意思嗎？零乘以三等於零，我認同，我什麼都沒有，所以乘以零還是零。但三乘以零不等於什麼都沒有，我有三樣東西，你要說我什麼都沒有嗎？你否認我有三樣東西嗎？你擱置現實（suspending reality）是因為想在同事面前贏得數學辯論嗎？大衛，我的三在哪裡？它去哪了？你怎麼能當它不存在？你無法設計出任何數學公式來說服我知道存在的東西，你不能把它拿走，我對於你的嘗試感到驚訝和失望。我的三在哪，大衛？！」

可憐的大衛．麥哈菲，你要怎麼和一個神經病辯論？要是有人認為三乘以零和零乘以三的結構順序真的會影響答案，那你怎麼跟他辯論數學？在我擦完最後一支高爾夫球桿時，大衛看著我說：「高迪先生，我不知道怎麼回答你，但我知道我是對的，我回家後會請教父母該怎麼答覆，但我很清楚，任何數乘以零都是零，只是我現在無法解釋。」

當我走出高爾夫球場的停車場時，生活的對稱性在很多層面上都讓我不知所措。首先，別忽略了顯而易見的事實——那位在高中最後一堂數學課只拿了「D」、大學期間所有數學科目都被當的傢伙，卻能與一個數學天才辯論。至少可以慶祝一下吧！

但真正的對稱性是麥哈菲與高迪家族之間五十多年的聯繫。如果你能記住一件事，別忘記說服的藝術並不是要贏得他人支持，而是要拉近人們之間的距離。提問的力量（如果運用得宜的話）在於，說話和傾聽之間本身存在對等的施與受。當然，我本來可以詢問大衛棒球和高爾夫球的發展如何；我本來可以問他主修什麼科目，但我卻不斷地問他到底我原來的三跑到哪裡了。因為我希望這個數學很好的年輕人也能擅長溝通，你知道答案是零，然後要說服我答案是零。在觀眾面前、在面對壓力的情況下，進行說服、溝通、辯護、建立關係。

我敢肯定，那天晚上大衛回到家，會問他父母如何將簡單的數學概念傳達給一個應該本來就知道的人。但這不就是生活嗎？這不就是我們想做的嗎？有效溝通，保持熱情。

我敢肯定，那天晚上麥哈菲一家人一定笑得很開心，想知道這個不太瞭解基本數學原理的人怎麼會當選國會議員。而且我確定克萊曾說過：「我們國家的財政政策充分說明了我們的國會議員不懂數學。」

我能完全理解的事情太少：為什麼我會在這個地球上？為什麼壞事會發生在好人身上？所謂「萬事（無論多麼暗黑或邪惡）皆互相效力得益處」的道理。我還沒完全說服自己認同這點，我懷疑我永遠都無法說服自己。但我已經說服自己，讓這個問題消失，享受提問的藝術和說服的藝術，以此作為一種溝通和交流的方式。我曾經在位於斯帕坦堡東側房屋的一個漆黑壁櫥裡，問過自己一些關於大衛．麥哈菲一世的問題，如今這些問題似乎比當時更有意義。我學會不要迴避困難的問題，因為這些問題會引導你找到真理。

剛開始你可能會問一些非常愚蠢的問題，例如：「那個藍色袋子是什麼顏色？」、「我的家鄉斯帕坦堡是以斯巴達命名的嗎？」或者「三乘以零等於多少？」但不要停止問問題。先問你自己，再問別人，詢問關於你的存在、關於他人和每件事情。你最後要說服的那個人可能就是你自己，有時候你自己就是那個最難說服的陪審團。

第二章
說服是一門微妙的藝術

漸進地改變他人

故事要從一趟話題圍繞在參議員提姆・史考特（Tim Scott）汽車後方的快閃之旅開始說起，當時我們在南卡州查爾斯頓（Charleston）的一家餐廳，準備去吃頓快餐。他的轎車車牌上面印著「US SENATOR 2」（美國參議員二）字樣。

「你車牌上印這個幹嘛？」我語帶嘲笑地說：「人家看到你超速、變換車道沒打方向燈、或是音量開太大聲，就會打電話到地方電視台或電台檢舉你了，還不包含那些討厭你支持某些法案的人，他們可能會拿著鑰匙朝你的車身刮下去。你怎麼會想到放這種客製車牌？」

他笑了一下，然後問：「特雷，你去年被警察攔下多少次？」

「我想，就從艾肯（Aiken）開車回來那一次吧。」

「你當時害怕嗎？」

「我只怕我的保費會漲價。」

此時，他的情緒已經從那個無時無刻都心情愉悅的提姆．史考特，變成心事重重、不苟言笑的人。「特雷，我身為民選官員，過去一年被攔下七次，七次。我想讓警察知道我不是他們的威脅，這樣我就不會發生什麼不好的事情。我希望安全，然後活著，特雷。」

提姆是我在這個世界上所認識的人當中最溫柔、善良且尊重他人的人。他對每個人都很好，對每個人都很尊重，臉上總是掛著微笑。他在說什麼？他想讓警察知道他不是「他們的威脅，這樣就不會有不好的事情發生」在他身上？

於是，我展開了自己在刑事司法改革、種族主義和特定族群看待執法的方式等重大議題方面的說服之旅（因為某位我所珍視的人的緣故）。說服從那天下午的一個簡單問題開始：我過去一年被執法機關攔下幾次？

因為我在乎他，所以我在乎他對於同樣問題的答覆是什麼和他有過的經歷。因為他以一種審慎、講求事實的方式說明自己的生活經驗，所以具有感動我的真實性。一次和七次。我從那天展開長達一年的漫長探索，最後被這個事實說服：即使是美國參議員也會有不同的執法經歷，因為他是黑人。這種變化是漸進式，這種改變需要時間，但我最終還是改變了。

這就是說服。

提姆．史考特說服我從他人的角度看待執法，而不只是白人醫生兒子的角度，後者是一名檢察官，與男女警的往來互動只有正面的經驗。他說服我去思考為什麼有色族群不太願意合作、不太願意相信警察、也不太可能在涉及警察的槍擊案中盲目接受執法機關的觀點。他微妙地、循序漸進地讓我轉變立場，這是真實發生的事，所以持續很長的時間。

在說服我的過程中，他樹立了成為令人信服的提倡者或信使最必備的特徵，那就是自己願意被說服或是可說服。提到執法機關時，你不會聽到史考特使用「例行性臨檢」（routine traffic stop）這個說法，一次也不會。在執法人員的日常工作中，你不會聽到史考特把「家暴九一一報案電話」（domestic violence 911 call）稱為「一般報案電話」。史考特會告訴你，他被說服相信主動攔你車的人沒有「例行性臨檢」這回事。他會告訴你，儘管執法機關接聽九一一專線的頻率很高，但對所有涉案當事人來說都是情況最危急的電話。他的用字遣詞體現出問自己重要問題的能力和他個人的說服力。

在說服我觀察有色族群如何看待美國司法系統和執法機關的過程中，他做了一件你也做得到的更有說服力的事。他亦讓自己重新審視警察的生活、審視那些「例行性」電話帶來的風險、以及審視當警察在進行臨檢，不知道駕駛座那邊的門打開後會發生什麼事時，他（她）腦海裡想的是什麼？他讓我（也讓自己）轉換角度看事情，然後想法發生變化，這就是所謂說服的藝術。

最有說服力的人本身也是可說服的人

我希望你撫心自問自己一個問題，並如實回答：你是否真的願意換位思考，改變看待問題的方式，或者考慮不同的觀點？

如果你自己都不願意這麼做，憑什麼認為別人會願意呢？我不是要你放棄堅定不移的信念，只要敞開心胸，以不同角度看待這個信念。

我舉個例子給你。

身為檢察官，我曾多次求處死刑判決。在過去青少年時期，如果你問我為什麼支持死刑，我會告訴你，死刑對其他有意圖殺人者具有恫嚇效果，我甚至可能說死刑符合聖經旨意。這些說法在青少年時期似乎合情合理：殺人償命，以命抵命，瓦解他人的夢想，就得交出自己的夢想——這些似乎存在某種對稱性（symmetry），對於一個青少年來說，對稱性的解釋就足矣。

後來，在我十八、九歲到二十出頭歲的時候，我說服自己我錯了——死刑不僅不符合公平正義，從聖經角度來看也沒有正當理由。除了說服自己，我還試圖說服別人。我在德州上大學時，我母親會把斯帕坦堡的地方報紙寄給我，讓我瞭解家鄉的最新狀況。她寄來的一份報紙上，有則報導指出，當地法務官正請求法院對名叫傑西．齊斯．布朗（Jesse Keith Brown）的男子判處死刑。我對於事實真相、被指控犯罪者的犯罪史、受害者生活背景或被告家屬的情況都一無所知。

這些都是高度相關的事實，但對一個二十歲的年輕人來說並非如此，他正尋求不同於青少年時期的那種對稱性。所以當時的我寫信給法務官，請他重新考慮在此案求處死刑的決定。

這封信用印刷體（而非草寫體）書寫在一張筆記紙上，雖然內容客氣有禮，但多半是結論性陳述而非分析。你問我怎麼會記得這麼清楚？因為最後與我一起角逐法務官的對手，就是那封信的收件人，那封信居然在競選前一週被刊登在我們當地報紙的頭版！三十五歲的我讀著自己二十歲的想法，被自己拙劣的筆跡和信件內容嚇得目瞪口呆。我確定這次競選公職注定要失敗了，白紙黑字就在那裡寫著，這位要競選法務官的人，也就是將決定是否求處死刑的檢察長，在大學時代並不相信死刑。

人生會有方法讓你評估和重新評估你所相信的事物，以及為何相信。二十歲的特雷正在思考生與死的意義，變成三十五歲的特雷之後，他有一位妻子、兩個孩子，靈魂深處有個因家人朋友遭謀殺後留下來的空洞。三十五歲的我體驗過一項不可能的任務，那就是向一位母親解釋她兒子如何及為何會因為配合我，在美國檢察官辦公室起訴的毒品案擔任證人而遭到殺害。生活發生變化，我們也跟著改變，只要提供合理、經過深思熟慮的解釋，人們就會接受這種改變。

現在我有兩個二十多歲的孩子，其中一個目前就讀法學院，正經歷我在她這個年紀所經歷過的相同內心對話。她知道自己父親起訴過死刑案件，她也知道我在人生某個階段並不相信死刑，所以她想知道我今天在這個問題的立場如何。現為五十五歲的特雷，我相信有些罪行實在令人髮指，而且犯下那些罪行的人有多項犯罪史，他們無視自己給別人帶來的痛苦，所以死刑是唯一適當的懲罰。但死刑應該減少嗎？是的。死刑應該只適用於特別罪大惡極的案件，被告完全道德淪喪、幾乎沒有減刑可能的情況嗎？是的。

這就是最後我如何在內心說服自己，而且我總是願意聽取其它論點——即便那些不同的觀點完全是出自於我內心所想的。

所以，你自己是個可說服的人嗎？你是否願意傾聽其它基於事實且符合邏輯的論點？你是否願意接受新的思考或傾聽方式？如果是的話，你已經在通往說服藝術的道路上邁出最大的一步。如果不是的話，坦誠問你自己：什麼事能說服你？

當你自己是可說服的人，表示你對於新事實、新構想、新觀點抱持開放態度。可說服並非指容易受騙、天真或軟弱，而是指你有獲取更多資訊的強烈渴望和能力，而且你不會自我設限。當你是可說服的，你會問自己困難的問題，並且審視論點的每個面向，努力追求真理，而每當你追求真理時，往往就會改變自己的觀點。反之，當你只是追求正確或論辯勝利的時候，往往就會偏離事實。可說服的人會選擇前者——他們追尋真理、觀照問題的各個面向，這使他們不僅富含同理心，更是說服達人。

什麼是說服？什麼不是？

法庭是最容易也是最難說服的場合。之所以容易說服，原因在於陪審團，也就是你試圖說服的群體必須思想開放，否則無法擔任陪審團成員，這的確是該服務不可或缺的特徵。越武斷越不可能被選入陪審團。

之所以困難，是因為你必須說服全部十二位陪審員，你必須透過高超的說服力才能辦到。換句話說，你必須在排除合理懷疑（Beyond a reasonable doubt）之下進行說服。排除合理懷疑是個難以理解的概念，所以我們有時用「堅定地說服」（firmly convinced）。在刑事案件中，你必須堅定地說服全部十二位陪審員相信同一件事，才能做出有罪判決。

想看看以下例子。

在政壇上說服百分之六十五以上與你交談的人，外界會認為你獲得壓倒性勝利，他們會撰寫關於你的歌謠，可能會把你刻在拉什摩爾山（Mount Rushmore），你的臉甚至可能會出現在美元鈔票上。在生活上贏得百分之六十五的對話也是相當不錯。想像一下，你可是有百分之六十五的時間都在挑選餐廳或電影。但在法庭上，若只能說服百分之六十五的人，那麼你每次都會敗訴。即使說服了百分之九十九的人，在法庭上也是敗訴。沒有說服全部的人就輸了。

那麼當你想到說服力時，你會想到什麼？你的腦海裡浮現哪些詞彙？你想到的是強迫他人採納你的立場嗎？你想到的是吵贏對方嗎？你想到的是擁有高超的辯論和修辭技巧嗎？我過去經常將說服與爭辯或強迫某人做某事混為一談，但將近三十年的說服藝術實踐給了我截然不同的視角。

◎說服不是強迫

說服不是使人屈服，直到他們接受你的想法。西方有句古諺云：「你可以牽匹馬到水邊，但不能強迫牠喝水。」在任何重要的話題上說服別人，都跟這個道理差不多。你可以用你的陳述句、問題、行為舉止、可靠性和親身經歷，來驅使對方自己得出結論。你開通前往預定目的地的路徑，甚至切斷逃跑路線，如果那個人只是繼續走、繼續尋找、繼續討論，他或她最終會到達你希望他們到達的地方——即使對方一直以為那是他們的選擇。

真正且巧妙的說服是在雙方都不需要確定老師學生是誰的情況下傳授。

◎說服不是辯論

儘管普遍認為說服是善於辯論，但最好的辯論家不能成為最好的政治家，也不能成為最好的律師，而且他們肯定不擅長說服別人。辯論是科學，說服是藝術。在辯論中，你要看時鐘來知道何時該輪到你發言。說服沒有時鐘；知道何時開口是靠後天培養而來，何時獲得開口機會更是靠後天養成。辯論需要最好的演說家，但說服需要更好的聆聽者。泰德·克魯茲（Ted Cruz）是公認辯論技巧嫻熟的政治家，伊莉莎白·華倫（Elizabeth Warren）也是，他們都用一種近乎科學的方式來建構其論點。他們似乎掌握了事實，對自己的修辭技巧也很有信心。

我發現最有說服力的國會議員雖然不會贏得辯論比賽，但他們也不會加入辯論口水戰。凱文·麥卡錫（Kevin McCarthy）很有說服力，因為我知道他會誠實對待我們正在討論的法案，即使我不能按照他的意願投票。約翰·雷克里夫（John Ratcliffe）之所以有說服力，是因為他願意接受也許有更好方法實現共同目標。伊莉絲·史帝法尼克（Elise Stefanik）有說服力，因為她謙虛、考慮周到且真誠。彼得·威爾希（Peter Welch）有說服力，因為他是個很好、積極且投入的聆聽者。吉姆·海姆斯（Jim Himes）有說服力，因為他在應該讓步的時候讓步，並積極尋找達成共識的地方。

在生活上也是如此。那些最能打動我們的人往往會有些文法錯誤，他們可能會講一些不好笑的笑話，或是在做簡報時忘記講到哪一頁，不得不停頓片刻，但他們都很真誠、不造作。

在法庭上，我不擔心最聰明、聲音最大的辯護律師，不擔心那些似乎最瞭解證據規則的辯護律師，我擔心的是那些與陪審團有私人關係的辯護律師，那些讓陪審團相信這位辯護律師絕不會故意誤導他們的人；我也害怕那些天生就很清楚陪審團會問什麼問題的辯護律師，儘管陪審團無法用言語表達這些問題。在技巧與真實性之間，選擇真實。在技巧優勢與親和力之間，選擇親和力。在辯論與說服之間，選擇說服。

◎說服不是爭論

我認識很多擅長爭論的人，他們可以讓一頓愉快的飯局變成一個戰區，因為他們就是喜歡爭論。爭論是陳述句一句接著一句，他們經常用高亢的音調與其聲稱想要溝通的人交談。爭論沒有說服力——爭論就是爭辯。爭辯是贏不了的，設計目的也不在於贏得辯論。爭辯旨在煽動激化，雖然生活中免不了起爭執，但這並不表示我們不該將爭執最小化。你真正想要且可能更持久的溝通，是那種能夠打動所有相關人員的完美交流方式。

我知道在法庭上稱它們為「終結辯論」（closing arguments），但相信我——我已經進行過無數次的終結辯論——法庭上最後的陳述沒什麼值得爭辯的，純粹是敘事的動作。你正試圖打動那些不認識你或幾天前才認識你的人，即使在消極和痛苦中也能找到共識。他們不想被大吼大叫，而是希望被說服。他們不想聽人說教，而是希望聽人跟他們講道理。他們不想受人指揮（人類天生抗拒這點），而是希望由信任的人來領導，指引他們朝往自己正考慮的方向前進，或是有個根據事實和邏輯的理由改變他們的思路。

因為權力和影響力之間有鮮明的差異。你可能有權力強迫你的兒子或女兒在週五晚上不出門，但影響力可以發揮更好的作用，產生更持久的效果（而且，聽好了，會讓孩子真的喜歡你）。

如果我們活得越久，爭辯自然會找上門，人與人難免發生爭執。有時候我們只是有幾天過得不太好，或是與我們溝通的人讓生活變得一團糟。但某程度上，我們可以在日常中以說服取代爭論，這些問題將能得到改善，生活會更好。無論是說服某人瞭解不同族群的觀點，使質疑的同事接受某項專案，讓飛機上的人和你交換座位，以便你能坐在配偶旁邊，還是讓你的父母承認U2主唱波諾（Bono）真的是一位詩人，在現實生活上，每天都要說服別人。

◎說服是漸進的

把說服看成改變，把說服想作變遷，把說服視為是循序漸進的。本書後面（確切來說是第五章）會再談到可以有效測量的尺度，不過現在我們只要知道，說服指的是想法改變的某種移轉。

雖然想法一百八十度大轉變的情況確實發生過——或許還會特別受到關注——但這種情況很罕見。有些例子顯示民眾從原本堅定的宗教信仰轉變成另一個完全不同的信仰，也有進步派變成保守派、而保守派變成進步派的例子，達拉斯牛仔隊（Dallas Cowboy）球迷變成華盛頓紅人隊（Washington Redskin）球迷的例子也很多，但我這輩子只想得到一個、而且對我來說很遺憾的例子，就是我父親突然從支持美國隊（America's Team）*變成支持華盛頓隊。

* 譯註：即達拉斯牛仔隊。

你將在少許的改變、細微的變化、隱約的推拉之中獲得更大的成功。

說服是勸說配偶觀看體育賽事，而不是浪漫喜劇。說服是確認家裡如果安裝了東南聯盟電視網（SEC Network），我們也會加裝賀軒頻道（Hallmark Channel）。說服是勸說老闆讓你抽成，以此獎勵你的努力工作，而不是單靠加薪來反映你的資歷。說服是讓你家的青少年在晚上十點進家門，而不是拖到十一點，因為他們隔天還有忙碌的課程。人生就是由這些決定和變化所組成：那些微小、循序漸進的變化，從中立態度到持新的立場、從先前堅持的立場到另一個立場，或是簡單用稍微不同的方式看到熟悉的議題。

在政治上，這種變遷幅度通常不大。這就是我們在當前政治環境所面臨的現實，要達到完全說服他人是相當困難的事。雖有些值得注意的例外，但說服他人的能量之所以微小，部分原因是他人被說服的意願薄弱。

克里斯汀．席納瑪（Kyrsten Sinema）是來自亞利桑納州的美國進步派參議員，她是徹頭徹尾的民主黨人。她也十分出色，因為她善於說服別人。我們都還在眾議院共事時，參議員席納瑪會來眾議院議員席找我，然後坐在我旁邊說：「我正打算投票支持這個法案，來談談吧！」她是真的尚未拿定主意，並願意考慮反對意見。相對地，她也期望在她針對某個議題提出自己觀點時，你能不抱任何偏見地傾聽。其他還有一些願意嘗試說服或被說服的眾議院議員，但這很少見（而且與眾不同）。

如果在國會的長廊上，與政治有關的議題不太可能出現重大變化，那麼即使是公開的政治性話題，在自家的走廊上可能也不大會產生什麼變化。例如，我們都認同教育的力量和必要性，無論是家長還是孩子。什麼是構成受教機會平等的因素、由誰來制定課程、大學是否應該「免除學費」（以及「免費」的定義），這些都是共識可能立即消失的話題。我們可以、且應該進行依據事實和文明的教育對話，但無可否認地，當議題從教育的力量轉移到付費教育的自主權時，說服將變得更加困難，因為這些問題會被視為政治問題。

在現實生活中，我們總是在說服別人，無論我們自己是否有意識到。「今晚在外面吃還是在家裡吃？」「應該搬到市區還是搬到郊外？」「應該養狗還是養貓？」「你可以除草嗎？」這些都是。你會聽這首歌嗎？但要改變他人對於刑事司法改革的看法就會困難許多。

當你試圖針對一個某人已經抱持堅定立場的話題進行說服時，重要的是瞭解這個話題的事實、去理解你的聽眾以及他們認為什麼是重要的。提姆·史考特提出的事實和證據讓我對自己的想法產生懷疑，而且，因為他瞭解我，知道我在刑事司法改革的立場，所以他能夠巧妙地提出問題，然後在這個話題上持續挑戰我。最後他確實打動了我，這是最好、也可以說是唯一的說服方法。

如果我們用被傾聽的渴望取代吶喊的渴望，如果我們用打動欲爭論者的渴望取代贏得爭論的渴望，如果我們把能想到最困難的問題留給自己，這個世界將會更平和、更少對立。

第三章
確認目標、認清事實、瞭解你自己！

陪審團的三十分鐘

戴娜．薩特菲爾德（Dana Satterfield）是名年輕貌美的母親和妻子，在南卡州羅巴克（Roebuck）開了一家美髮沙龍店，工作勤奮且深受家人與顧客的喜愛。

我第一次看到戴娜的照片是她在自己的移動式住家經營的美髮店裡，屍體半裸地被人用化妝包的帶子掛在浴室的熱水器上面。

她於一九九五年七月遭人殺害，這起案件懸宕了十年之久。我仍清楚記得那天，在她遇害的十多年以後，查克．萊特（Chuck Wright）警長打電話告訴我，他們準備採取拘捕行動。「特雷，你現在坐著嗎？」警長問。我沒有，當時我和幾位友人去郊外打高爾夫球，但我的朋友萊特警長還沒等我坐下，就對著電話大喊：「我們準備去逮捕戴娜．薩特菲爾德謀殺案的兇手！」

一九九五年戴娜遇害時，查克．萊特還不是警長，我也還不是地區檢察官，但住在南卡州北部的人不可能不知道她的案件。戴娜的屍體被發現後，她的新聞佔滿媒體版面，關於誰是殺害她的兇手眾說紛紜，有人猜測是她自己的丈夫，也有謠傳與地方民選官員有關。謀殺案並不罕見，但一位年輕女子在自己店裡被殺，而且就發生在斯帕坦堡郡一處寧靜地區的主要道路上？這就很少見了。案件懸宕越久，在我們家鄉的謠言就越多，戴娜家人的惡夢也會持續下去。

喬納森．維克（Jonathan Vick）因謀殺戴娜遭逮捕。案發當時他應該年僅十七歲，是即將邁入高三的高中生。他沒有任何犯罪前科，但警方在戴娜的店裡發現到他的DNA，為什麼？他為何在那裡？他們互相認識嗎？對於戴娜和她丈夫當時婚姻不和的事實，辯方律師會怎麼處理？那位來自外地、聲稱案發當時看到有人從店裡跑出來的上門推銷員在哪裡？我們能在十年後找到她嗎？她還活著嗎？我們該如何處理上百條的線索和其他無數個調查成功度不同的嫌疑人？最重要的是，我們要怎麼扭轉資深警探在卷宗內寫著「喬納森．維克沒有犯下這起謀殺案」的註解？

我們都見過當自己關心的人變得心不在焉、幾乎全神投入在某些事情的時候。一直想著進入某所學校、一心想著贏得某位年輕男子或女子的好感、對某份工作、某輛汽車或某段感情念念不忘。勤奮與沉迷只有一線之隔，若有什麼理由可以讓人諒解，那就是為一位在自己工作場所遭十七歲陌生人殺害的年輕媽媽伸張正義。

該審判訂於二〇〇六年秋天舉行，所以從逮捕到審判中間，約有一年的時間。那一年我盡己所能去瞭解關於戴娜和她案子裡的每一個細節，甚至花了更多時間來預測辯方會如何為喬納森・維克辯護。

時間回到二〇〇五年，我父母會在夏天帶著全家人去海邊渡假一個星期。那時候我的兩個小孩分別為十三歲和九歲，毫無疑問，他們熱愛在海灘上玩耍、衝浪，和他們的母親一起建造沙堡。而在那個星期，他們的母親（我太太）宛如單親媽媽。我本人當然也在現場，但我的心思並不在那裡。為了來年秋天能替戴娜・薩特菲爾德和她家人好好工作，我帶著一箱箱資料到海邊，沉浸在這些檔案裡。我對待所有案件都很努力，尤其是謀殺案，但我從未像調查戴娜・薩特菲爾德案這樣認真。一部分原因是我知道辯方會歸咎於她的丈夫，而世上沒有什麼比失去自己妻子然後又被蒙上謀殺她的污名更糟糕的事了；另一部分原因是為了戴娜的孩子們，尤其是她的女兒艾希莉（Ashley），當時的她已經長成年輕女子，從她懂事以來，母親的謀殺懸案就一直佔據她的人生。但我主要是為戴娜努力工作，因為如果我在乎的人是受害者，像她這樣遭謀殺、襲擊、衣物被扒去，然後吊在熱水器上，我也希望有人能為她努力辦案。

我開始沉迷於案件謎團。我花了好幾個小時挖掘我能搜集到的所有資訊。每一次搭車、在高爾夫球場上行走、每個空閒時間都在想事實證據，思考我該如何準備陳述這些實情，並預測每一個可能的結果——從辯方律師或喬納森・維克本人所說的每一個字，以及事先設想適當的回應或反駁。

然後接連幾個小時反問自己：維克的DNA出現在她的腹部，但其它部位沒有——它是怎麼出現在那裡？維克會聲稱是遭人栽贓還是處理犯罪現場時發生錯誤？他會說自己是這裡的顧客而DNA是先前來訪時留下的嗎？他會說自己在雙方合意下發生性行為，而「真兇」一定是之後才來的嗎？

該如何處理婚姻難題？我確信戴娜的丈夫與她的謀殺無關。非常確定。而且鑒於體型，我相信他不太可能像兇手那樣從活動屋的小窗戶爬出去後離開。但我要怎麼說服陪審團，並以尊重、周詳且誠實的方式辦到呢？戴娜的丈夫會面臨一些棘手的問題，我們要怎麼問這些尖銳的問題，同時又不讓他覺得我們無情？在案件審理期間，我們首先要怎麼做才能讓陪審團相信我們沒有隱瞞什麼事情？一般來說，身為公訴人，最好自己先提出負面資訊，而不是等辯方律師提出，因為這樣可以建立陪審團的信任。這種作法稱為「拔刺」（taking the sting out）止痛，但在本案件中我們該如何執行呢？

指紋在哪裡？美髮沙龍店內找不到維克的指紋。檢察官和警察都知道，每個人在觸碰某些東西時都不會留下指紋，有些指紋則會留存很長的時間，但一般陪審員都會看《CSI犯罪現場》和《法網遊龍》（*Law and Order*）之類的影集，法醫證據在這類劇情裡是破案的關鍵。所以，他們期望看到的是法醫的證據，那麼我們要如何滿足他們的期望、或者如何解釋電視與現實生活的差異？

那麼毛髮呢？在戴娜身上發現到與維克不符的毛髮，這代表什麼意思？她把衣服送到自助洗衣店嗎？毛髮會不會就是從那裡來的？這點是否印證了辯方的立場，即存在婚姻問題，從而使控方暴露其它潛在的謀殺動機？從死者身上發現的毛髮需要處理，但要如何處理？這是極難解釋的事——戴娜身上有毛髮，但並不是喬納森．維克的。

我非常清楚地記得，我坐在海灘別墅的前廊上，一遍又一遍地看著相同的犯罪現場照片。這裡有線索，我得找出來。與此同時，和我一起處理該案件的兩名檢察官——貝瑞．巴內特（Barry J. Barnette）和辛蒂．克里克（Cindy S. Crick）——也在做一樣的事。貝瑞會像科學家一樣思考，這是我需要的，因為我會像藝術家一樣思考，辛蒂則在兩方面都很出色。如果辯方認為維克和戴娜在「真兇」進屋之前發生了合意性交，那麼我們將需要辛蒂和她在法庭上的技巧。從犯罪現場照片和法醫驗屍結果來看，我們得知戴娜被謀殺時正值生理期。我們能不能說服陪審團相信，年輕的已婚媽媽不會選在這種時候——在自己店裡面，在浴室的地板上，又適逢經期——與一位十七歲顧客發生性關係？

然後，我看到了案發當晚執法人員在浴室地板上拍的照片。浴室位於沙龍店的另一邊，與她替客人理髮的工作區域相對。她的身軀在照片上方，但我的眼睛卻往照片下方看去。就在門邊。是毛髮。一搓毛髮。但這些並不是在美髮沙龍店可能看到的剪落髮絲，而是在公共廁所地板上會發現的陰毛。我想到了。我想到一個解釋，可以說明她赤裸的身軀上為什麼會出現不屬於維克的陰毛。這些毛髮很難看到，在審判時需要將那張照片放大。但毛髮就在那裡，能為我們將面臨最棘手的審判問題提供答案。她被人在浴室地板上拖行到熱水器旁，驗屍時在她身上發現的陰毛就是從那裡來。那並不是兇手的毛髮，而是兇手將她拖行在地時黏到她身上的毛髮。

我知道是喬納森・維克殺害了戴娜・薩特菲爾德。但我也知道，通常十七歲的年輕人不會第一次犯罪就殺人，那麼他為什麼會這麼做？我們遺漏了什麼可以解釋他的首度犯行竟是殘暴殺害一位年輕媽媽嗎？

接著是該案件檔案裡的那筆註解：喬納森・維克沒有犯下這起謀殺案。註解相當明確，這並不是出自於被告的母親，而是調查此案的資深警探所寫下的。我們要怎樣才知道這位警探的結論錯得有多離譜？

那麼過去十年內追查的無數條線索呢？執法人員詢問了幾十位目擊者，他們甚至在案發後不久便和維克談過，但當時並沒有將他列為嫌疑人。我們要如何在沒有引起合理懷疑的情況下解釋應該進行完整調查，也許其他「嫌疑人」之一真的犯下謀殺罪。畢竟，資深警探寫下維克沒有犯罪！

陪審團討論不到三十分鐘就結束了，連吃頓飯或抽根菸的時間都不夠。

他們用不到三十分鐘的時間做出裁決，可能意味著我沒必要花一年的時間埋頭研究戴娜・薩特菲爾德謀殺案的卷宗。三十分鐘可能意味著我白白煩惱了一年多。又或者結果可能正好相反。也許正是因為我花了一年的時間研究、準備、預測，每次搭車、洗澡、走路的時候都在煩惱每個論點和反駁論點，所以陪審團花不到三十分鐘的時間就能裁決，十年後，喬納森．維克確實殺害了戴娜．薩特菲爾德。

喬納森．維克被判有罪並判處無期徒刑。

戴娜．薩特菲爾德謀殺案並不是在陪審團面前的終結辯論中勝訴的，而是在好幾個月以前就已勝訴。我們三位檢察官花了好幾個月的時間，擱置自己生活將近一年，就為了比任何人能更瞭解她生命中最後一晚發生的事情，然後準備以最有效的方法呈現給十二位對案件一無所知的人。

你知道你想說服別人的是什麼嗎？我是說，你真的知道嗎？你知道問題在哪裡嗎？你有沒有澈底研究過它、檢視過它的各個面向，並在自己腦海中反覆地交叉詰問？如果你真的想讓別人換一種新的思考方式，不僅要確切知道你希望透過努力說服達到什麼目的，而且必須知道你正在尋求的問題、事實模式或理念。

和我一起生活和工作的人都知道我最喜歡的一句話，他們在感覺到我即將引用這句話第一兆次的時候，就會皺起眉頭：「機會是留給準備好的人。」這是路易斯．巴斯特（Louis Pasteur）的名言，事實也是如此。事情很少會突如其來地發生，你也很少單靠「好運」而碰上什麼事情。人生會獎勵有所準備的人。雖然準備並非成功的保證，但卻是避免失敗的唯一最好辦法。這種機會要從哪裡開始？第一步就是搜集你的事實論據。

釐清事實情況

事實指的是，實際存在並具有客觀真實（objective reality）的情況。有些事實可以證明，有些卻無法（令人沮喪，但事實即是如此）。一個無法證明的事實會影響你說服他人的能力，但並不會削減這個事實的存在。那麼，事實是什麼？你能區分事實和理念嗎？區分事實和觀點？事實和理論？事實和感受？所有這些都是生活中必要的組成，但事實是建構一個成功論點或立場最重要的基本元素。

如果目的是說服別人，你必須充分掌握事實。你做完功課了嗎？你有沒有將自己對於稅率的看法和稅率的事實區分開來？你有沒有將自己對社會學主修的看法和社會學學生拿這個學位能做跟不能做什麼的事實分開？社會學是很好的主修科目或研究重點，但如果你的生活中有人說：「社會學學生表現得比法學院的學生好，」這種說法有無事實依據是具體可知的。如果有人說：「我認為社會學能為你進入法學院做足準備，」這是很好的信念，但這種信念將次於任何事實。如果有人說：「我覺得主修社會學的學生在法學院的表現很好，」這種說法完美表達了他或她的情感，但不管他或她的「感覺」有多強烈，情感仍次於事實，我甚至認為它次於信念。那麼你提供事實嗎？在你陳述自己立場或信念之前，你調查過你的立場嗎？你怎麼做？在你採納自己立場之前，你怎麼研究的？

在我年輕的時候，坦白說，我相信的大多數事物都是父母或其它成年人告訴我的。我的父母是聰明盡責之人，所以我一開始就假定他們的立場至少是善意的，即使他們的立場是基於信念、情感或思想，而非根據事實。我父親是一名醫生，這是一份以事實為中心的職業，所以無論他抱持什麼立場都非常重視事實根據。另外，我的父母都是保守和有宗教信仰之人，其結合了事實、信念、思想和情感。所有事情都值得我們評估、重新思考和重新整理，但在我成年以後，我發現對我來說，事實是最容易證實論點或反駁論點，所以我傾向把注意力都集中在事實上。

一六五〇年，奧立佛・克倫威爾（**Oliver Cromwell**）懇求蘇格蘭長老會全會（**General Assembly of the Church of Scotland**）放棄效忠保皇黨理想的誓言，他說：「我以基督之名懇求你們，想看看你們可能誤解的可能性。」* 換句話說，思考一下你們可能失誤的這種極小可能性。我不知道以任何事物之名懇求的感覺是什麼，但這是值得注意的建議。我們多久會重新評估一次自己的立場？我們在決策過程中納入新資訊的頻率有多常？有時候，一個事實就能改變你對一個問題的整個看法。

* Thomas Carlyle, ed., *Oliver Cromwell's Letters and Speeches*, vol. 1 (New York: Harper, 1855), 448.

如果你知道有人攻擊了另一人的事實，你可能會得出若干結論。如果你添加出於自我防衛的事實，那麼你可能會得出不同的結論。如果你增加打人者是出於保護孩童或其他弱勢族群的動機，你可能會得出非常不同的結論。事實影響結論。除非所有事實都被知道且加工過，否則事實總是容易被發現——所以你必須不斷地挖掘事實。

我有一套流程，每當我即將做出對事實的斷言、或準備陳述宣告性觀點時，自己會先透過這套流程評估，這套流程或範例也值得考慮是否適用於你。如果不適用，那就創造你自己的，但該流程必須能得出結論，並且知道你希望用這個結論達到什麼目的。

首先，我會問自己，**我知道什麼？**

接著問，**我是怎麼知道的？**

最後，**我瞭解到什麼程度？**

信念也是如此。

我相信什麼？

我為什麼相信？

我考慮過什麼其他選項？

我們來看看理性思維可能、也確實存在分歧的特定議題：為欲送小孩就讀非公立學校的家長提供免稅額。你對這個議題瞭解多少？你的消息來源是什麼？有什麼證據顯示選校有利於學生？免稅額對於公立學校有何影響？你是否認為公立學校屬於基礎設施，無論是否參與這些學校，廣大社群都能從中獲益？如果你對於這個版本的選校有結論，那麼關於免稅額應該是附加還是替代的部分，你有結論了嗎？換句話說，如果你送你的孩子就讀私校，你繳交的稅應該用於公立教育、還是應該得到一分錢一分貨（dollar-for-dollar）的學分，把你的孩子送到你想要的地方？如果這個方式有利於你的孩子，是否也有利於其他孩子？對於社會大眾更有利嗎？這是你的責任嗎？

我不知道我個人對於這個議題的看法是什麼，但我看到其正反兩面的意見。我在政界的摯友提姆．史考特，對於這個議題進行過詳盡的研究，並對教育選擇問題滿懷熱情。我在人生道路上的摯友泰芮，是公立小學一年級的老師。由於泰芮給我的影響，我可能對此在某程度上帶有偏見，但我仍然可以努力客觀地搜集事實根據，並從中獲得合理的結論。

我們這一代沒有什麼理由不去搜集事實。我是說，拜託！這些資訊都能在手機上找到了！我們父母親定期更新百科全書的日子已經過去，等待每月前往公共圖書館的日子已經結束，現在資訊就在手邊，隨時可得。

學術論文、研究、學術著作、教科書、權威性的資料來源，我們可以立即獲得主題專家的第一手資料，事實從未像現在這樣容易找到。或許分辨事實真偽是項挑戰，但如果你的目標是準確且有效地溝通，那麼花點時間分辨事實真偽並不是什麼困難的代價。你所需要的就是獲取資訊的管道和抱持懷疑的態度，而兩者應該都是垂手可得。

生活上，很多時候是兩個人看到完全相同的事實，卻得出截然不同的結論。這就是為什麼我們需要培養說服的藝術。如果我們都看到同樣的事實並得出相同的結論，我們很可能不是一個平等的家庭、社會和國家。搜集資訊和有效地傳達資訊是有區別的。我們都認識某些特定領域的專家，但他們無法說服我們在暴風雨時進屋。事實不等於說服力，但如果你沒有先搜集所需證據，你可能永遠都不會成為一個持續有效的說服者。令人沮喪的是，議題的正反兩面往往都有「證據」存在。就像我喜歡跟我女兒艾碧嘉說，「有證據顯示地球是平的，因為我站的地方就是。」但基於很多明顯的理由，我不願意從這個證據推斷出令人信服的論點。

從所有意圖和目的來看

於是，你有了你的事實，也得出你的結論，然後準備好跟一個對該議題根本不熟悉、或者跟你一樣瞭解但抱持不同觀點的人進行對話。現在怎麼辦？

你必須問問自己：**你的目的是什麼？**

在你開口之前——在你開始問任何人任何問題之前——你必須先讓自己經歷一輪廣泛而深刻思考的自我探索。你必須回答以下問題：

一、你想引燃戰火、醞釀戰火、還是撲滅戰火？

二、你想讓對方轉換成你的思考方式嗎？

三、你願意接受與你談話的人僅是增加不同或新的視角，並同意重新審視問題就離開嗎？

四、你想在一些問題上達成共識，在另一些問題上求同存異嗎？若是的話，你願意讓步的部分有哪些？

五、你只是想爭辯嗎？

如果你不知道自己的目的，幾乎可以保證你無法達成。如果你不知道談話的目的是什麼，你很可能不會有任何成果。那麼你希望做什麼？教育對方？轉換對方想法？巧妙地說服？激怒對方？

所以，你知道一些事實。

你也知道你的目的。

現在開始，認識你自己吧！

你打算怎麼建構你的論點？你會用你最好的事實來引導，還是等待建立一個結尾的高潮，然後投入專家們所謂新近效應（recency，或稱時近效應）的懷抱，也就是指人們最有可能被他們最後聽到的人說服？比我聰明的人群當中，對於應該用最好的事實或用最好的結尾來建構論點一直存有爭議。幾乎所有人都會告訴你，不要把你最好的事實或論點埋在中間。而我會告訴你，先從你最有利的事實起頭，然後再提出第三個有利的事實或論點，把第二個有利的事實保留到最需要的時候使用。這是我會採用的方法。有點像在打牌，如果沒人出過方塊A，你就不要出方塊K，除非方塊A在你手裡。在說服力方面，因為你可以自己布局，自己選牌，所以你有K也有A。從A開始出牌，接著出Q，然後把K留到你需要一個非常有利的事實來扭轉或回應時再出牌。

你有你的事實論據，你能夠意識到哪些是最重要、最引人注目以及最有可能說服人的，然後謹慎地劃分優先順序。你已經預料自己學識裡的弱點或不足——每個觀點和反駁觀點都經過深思熟慮——並且有個計劃來為這些觀點辯護，或在沒有這些觀點的情況下自我辯護。你考量過自己的目的、目標以及最可能達成的路徑。

最後，你要如何知道自己成功了？你對成功的定義是什麼？你有沒有一個明確可知的目標？有時候，這個目標非常清楚，例如在法庭上的某項判決，或者在某次選舉中的最後計票結果。在現實生活裡很難定義成功，因為正如我們所討論的，說服就是改變，而改變可能不大。在你坐下來與正值青少年的女兒談話時，如果你的目標是讓她同意身體穿洞是浪費她的時間和你的金錢，這可能比只是讓她等到家庭渡假照片拍完後再穿更加困難。如果你的目標是要兒子像個海軍陸戰隊員一樣整理床鋪，那是很高的目標設定。我的目標始終是讓兒子稍微鋪好床罩，這樣至少他媽媽會覺得他有在乎、願意嘗試。

如果你能保守秘密的話，其實在我家孩子小的時候，我一向不擅長幫他們洗澡。因為我既不擅長也不是特別喜歡，所以泰芮以前請我幫忙時，我的目標和你想像的不太一樣。我的目標是用答應做事以表達幫忙的意願，但後來做得不好以致於她認為自己來還比較簡單。哇！經過多年以後坦白說出來，我覺得如釋重負！我的目標是先「嘗試」，可是水會濺得到處都是，孩子們的睡衣也因為我沒有放遠一點而濕透，頭上偶爾殘留洗髮精，他們彷彿喝了雙倍濃縮咖啡般精神好到不行而不適合睡前夜讀和入睡。所以我有兩個目標：溝通配合和確保我幾乎不再會被要求「配合」。成功了嗎?成功就是讓泰芮非常氣憤地說：「我自己來做，可能還輕鬆點。」「好吧，既然妳都這麼說了，但親愛的，我是樂意幫忙的。」

希望你的目標不像我的那樣邪惡和口是心非，但在你努力說服他人時，你需要一個目標和衡量成功的方法。

雖然我在孩子小的時候不擅長與他們相處，但隨著他們逐漸長大，我能給予更多幫助。年輕人在他們從青少年進入成年的階段，經常來訪或來電討論自己的目標。我該主修什麼？我該去哪裡上法學院？我該在國會的委員會實習？還是在國會議員的辦公室實習？這些問題都很好，但我把順序顛倒過來：你希望最後成為什麼？你想當法官還是州議員？你想教法律還是當律師？你想賺更多的錢還是有更多的自由時間？告訴我你希望最後成為什麼或你的目標是什麼，然後我們才能制定一套計劃來幫你實現。說服也是如此。瞭解你的目標，瞭解你的事實，瞭解成功的模樣，那麼制定邁向成功的路線就會變得容易許多。

第四章
知道你的陪審團是誰

換位思考

我無法向你充分說明當我展開法律生涯時，在陪審團面前表現得多麼糟糕。回想起那些早期的日子，我就覺得難堪。那時候的我緊張不安、缺乏信心，我試著遵循一套腳本，而不是以溝通的藝術與人交談。

更糟糕的是，我的初次審訊在一位以近似酷刑的嚴峻和異常強硬聞名的聯邦法官面前進行，也就是尊敬的小喬治・羅斯・安德森（George Ross Anderson, Jr.）聯邦地區法官，這個名字讓南卡州的律師們都心生畏懼。在獲任聯邦法官之前，他曾是南卡州安德森（Anderson）一位優秀的出庭律師，所以他對每個人都有很高的期望，尤其是他以前的法官助理。我擔任他的法官助理最久，所以他的期望很高。對法官來說，法官助理就像孩子一樣，安德森法官也不例外。想像安德森法官是家長，他看著自己的「孩子們」參加學校的拼字比賽，不是面帶著微笑和緊張的喜悅，而是一手拿長鞭、一手拿著開山刀，你就知道他對自己的法官助理期望有多高了。

我在他面前審理案件時相當緊張，因此我說服我太太，我們應該用他的名字來命名我們即將出生的女兒，既然我現在以律師身分審理案件，這樣能減輕我在他法庭上可能做出任何蠢事的影響。千真萬確，我們女兒被命名為「艾碧嘉・安德森・高迪」（Abigail Anderson Gowdy），安德森即是以尊敬的小喬治・羅斯・安德森本人所命名的。老實說，如果我發現自己在他的法庭上表現不佳，如果我太太多給我一點彈性空間，我會幫女兒命名為「喬治」或「羅斯」。

「親愛的，我想我們應該給女兒取名為喬治，」我印象是這麼建議。

「唔，不好，」她的回答。

「我們能不能至少談一下？」

「我們剛才談了，而且別再提了！我們不會幫女兒取名喬治或羅斯。」

「那叫Judge（法官）怎麼樣？」

「不要！你能想像讓一個女孩用喬治或Judge的名字長大嗎？」

「你能想像我在沒有防護網的情況下，還要在安德森法官面前審理案件嗎？如果她想的話，以後還可以改名，但至少這幾年，我可以告訴安德森法官，『這是我女兒小喬治・羅斯・安德森・高迪，向您問好』！我的意思是，她都還沒出生呢！在她上幼稚園之前不會有人取笑她的。如果她不想叫喬治，我們以後再改。」

這時候，我太太不只是走出房間，還離開了我們住的小屋。很明顯，那場談話結束了，新婚夫婦以開放心態對待所有事情的討論也就到此為止！我太太真的同意以「安德森」作為中間名，因為即使是她──在她內心深處──也知道，我在尊敬的小喬治・羅斯・安德森面前審理案件會有生命危險。

就這樣，我在他面前審理了第一個案件，但結果比我想得還糟。我瞥了一眼法官席，看到他閉著眼睛，手托著頭。我祈禱他睡著了，但大多數人如果睡著，是不會再用另一隻手拆除頭上的假髮，也不會發出像受傷豺狼般的喉音。

審判結束了，陪審團裁定被告有罪。我不知道為何結果是這樣，儘管與我作為檢察官的表現無關，也不是因為這個。

安德森法官傳話來說，在我走之前先去一趟他的法官辦公室。完蛋了。我開始留訊息給我太太，再次告訴她我愛她，然後叫我們孩子不要去唸法學院了。法官辦公室的門突然打開，我聽到一句「現在！」這個聲音比EF5級數的龍捲風聲音還大。

我走到法庭後方，經過了我擔任他書記官時坐過的舊桌子，低著頭站在他的辦公室裡。我知道這將是我生命的盡頭。

「孩子，」他開始說：「我在艾庫納克斯米爾（Equinox Mill）長大，父母很貧窮，我認識的每個人也很窮。我大學讀夜校，因為我白天還要工作。我打了三份工才能把自己送進法學院。而你，是醫生的兒子。人生並不是在鄉村俱樂部打打高爾夫球，人生，真實的人生，是在這個法庭上。普通人有普通人的希望、夢想和恐懼，你必須學會怎麼跟普通人、一般人、每個人說話。我很疼你，孩子，你有機會成為好人，但除非你先對人有所瞭解。現在回家去吧。我知道你不喝酒，但哪天去酒吧待看看或許對你有幫助。坐下來聆聽真實的人怎麼說，他們是怎麼思考的，他們在想什麼，以及他們為什麼這樣想。那才是真正的世界，孩子。」

確實如此，安德森法官說得對。我的人生大部分時間都是在相似的群體中成長，如果你不去瞭解所有的人——不同背景、社經地位、宗教信仰、經歷和思維模式的人——你永遠無法成為溝通高手。如果你渴望與現實世界中的真實人物溝通，打動他們，最終說服他們，你就必須更理解他們解讀訊息的方式，尤其是與他們對話的語言。你必須去他們所在之處認識他們，不是去你的所在之處，也不是到你希望他們在的地方。

瞭解別人如何思考，瞭解什麼激勵他們，瞭解什麼打動他們，瞭解什麼鼓舞他們，瞭解他們害怕什麼，瞭解他們的處境，瞭解他們何以致此，以及使他們改變想法或立場需要什麼。你可以感嘆別人在談話中帶有偏見和先入為主的觀念，或者你可以接受某些與人性有關的事實，並開始駕馭它們。別人想要什麼？他們渴望什麼？他們從哪裡獲得意義和價值？陪審團是一群陪審員組成的，陪審員也是人，他們把自身的所有優缺點帶到法庭上。如果你想以任何可衡量的方式改變他們，你最好理解他們。無論你的陪審團在哪裡，在法庭內外都是如此。好好當個學生，當個細心有人性的學生。

順道一提，安德森法官就跟我說的一樣，他使那些在他面前出現的人都心生畏懼，但對於我最終投身法律界的影響，他比任何人都負有更大的責任。他是終身的民主黨人，總是在「共和黨」前面加兩個字，其中一個字是「天」（god），另一個字不是。我不喜歡他用的詞，我請他在我替他工作時不要那樣說，他就沒有再說，至少我在那裡工作時是如此。我愛這個人，他很複雜、很善變，但如果他視你為自己人，你就永遠是自己人。而最後我對於人性的一點認識和人性如何影響說服能力，是我從一位終身民主黨人那裡學到的，他花了一些時間幫助這個「天X的」共和黨人。

誰是你的陪審團？

那麼，你對於你的陪審團瞭解有多少？你對於組成你陪審團的那些人瞭解多少？

你們大多數人可能永遠都不會站在十二位公民面前，試圖在刑事或民事案件中說服他們，但你們的餘生都將被各式各樣的陪審團所包圍。他們可能是你的家人，可能是你的橋牌或撲克牌夥伴，可能是你在教會、猶太教堂或其它任何禮拜場合的朋友。他們也可能是你的股東，可能是你的商業夥伴、你的顧客，或是那些想在不久後成為你顧客的人。對你來說，陪審團可能是你試圖跟他溝通或改變他立場的任何人。

你不會出現在法庭上，並不代表你無法從法庭發生的事情和我們信任這個程序的理由中，學到一些人生中最重要的決定。想想看，從嬰兒在分娩過程中死亡的醫療糾紛案件，到嫌犯面臨死刑或終身監禁不得假釋的殺人案件，我們都相信陪審團的裁決程序。在商業糾紛、合夥解散、誹謗案件、汽車失事、保險理賠中，我們都信任這個我們稱之為陪審團的機制。因此，瞭解陪審團制度如何運作，以及我們嘗試自行辯護時可以從中學到什麼是值得的。

可能你已經收到或將收到一封郵寄的陪審團傳票。

你在法院現身，法官開始提出一系列的問題，來確認你是否有資格擔任陪審員。你的教育程度如何？你會讀和寫嗎？你有沒有因刑事判決而喪失資格？你是否認識你可能被要求服務的訴訟或案件的律師、證人或當事人？你對於案件瞭解嗎？這些就是我在前一章中討論過的「事實」。即使你聽說過一些「事實」，你能不能從這些事實得出結論？即使你已經從這些事實得出結論，你能不能拋開先前的結論，保持開放的心態？哇！很困難，對吧？把你相信的、你認為的、或你感覺是真相的部分擱置一旁，只關注那個特定審判中呈現的事實和證據。這就等同於教科書上對開放思想的定義，不是嗎？重新開始，重頭開始，既往不咎並回到中立狀態，你有辦法做到嗎？

你有理智的判斷能力來區分你認為你知道的事物和已經證實的結論嗎？

這很困難，對吧？儘管我一生都對人性抱著犬儒主義的態度，但在至關重要的過程中，我國人民表現出客觀公正的能力仍讓我不斷感到驚訝。如果你過去是家暴受害者，你能在家暴案件中做到公平公正嗎？如果你因為嬰兒床的設計或構造問題失去一個孩子，那麼多年後在與另一名孩童有關的產品責任案件中，你能公正不阿嗎？你是否總是相信某些證人或是從不相信某些證人？你偏向執法方還是反對執法方？你能不能將先入為主的觀念放在一旁，單獨考慮證人席提供的內容？

我國制度要求我們找到十二名能夠洗刷罪名、尊重被告方的無罪推定，而且要公平公正。但外界對陪審團遴選有一種誤解，現實情況是，在法庭案件中你不是「挑選」（pick）陪審團，而是「篩選」（unpick）陪審團。名字被傳喚上來，每一方都有特定刪除或排除的人數。你不能只根據種族、性別或年齡來進行刪除，除了某些受法律保障的類別之外，你還得評估你的國民，確定他們是否能成為優秀的、公正的陪審員。你不是在挑選你最想要的人來擔任陪審員，而是把那些你不想要的人排除在外。

假設陪審團人選中有位潛在的陪審員於十一年前被指控家暴，但後來指控撤銷。你會讓那位陪審員參加你將要起訴的家暴案嗎？你需要更多的事實，對嗎？但你可能無法得到更多的事實，僅憑三十分鐘的接觸和幾頁制式問題的回答，很難對人進行判斷。但在我們的司法制度中，陪審團就是這樣產生、挑選，或者如你現在所知的「篩選」而來。

但在現實生活上你不太可能奢求去「篩選」你的陪審團，你不能在感恩節「篩選」孩子、同事或你姊妹的丈夫。你很可能只能應付一個無法掌控的陪審團，但這並不表示你不能或不該用一些相同的分析工具來瞭解他們。他或她的背景是什麼？你能訴諸於普遍的公平和開放思想嗎？你能在一個更廣泛、整體性原則上達成共識，然後再開始討論細節嗎？是不是每個人都反對大規模槍擊？是不是每個人都反對拖垮家庭和耗盡積蓄的災難性醫療費用？是不是每個人都支持，如果年輕人想上大學，就該有機會上大學？是不是每個人都同意，我國刑事司法制度不應該懲罰那些尚未到達法定年齡的孩子？你剛剛（慢慢地）開始對當前最動盪的議題進行一場對話或回應：槍枝管控、醫療照護、學生貸款及移民。

一開始刻意保持不挑釁的態度，並同時評估你正在溝通的對象，試圖理解他或她來自哪裡以及原因。

我在南卡州格林維爾（Greenville）有位很好的朋友，她活躍於政界，並是當地一所大學的教授。從任何客觀標準來看，她都屬於保守派，但她不會咄咄逼人，而且親切友善，大家都喜歡她，為人真誠。在我早期擔任國會議員時，我會見了地方上保守團體和茶黨（Tea Parties）的負責人。與普遍的錯誤觀念相反，我並非二〇一〇年的茶黨候選人。不過，我確實在國會休會期間舉辦了一次關於移民問題的午餐會，以便聽取他們對該問題的看法。

不同的人圍坐在桌子旁交談，他們的立場互異，有極右派人士，也有在建築和景觀領域、更傾向商會立場的小型企業主——這些分布在光譜上的不同點，都被歸類為「保守派」立場。

然後她開口了，她說她「最近改變了對移民問題的想法」。大家端坐起來，仔細聆聽。事實上，她的立場出現一百八十度轉變。哇！對於一個經驗豐富的政治老手和教授來說，這種情況很罕見。我想知道發生什麼事了？她是不是讀了一些論文、一些關於人口統計的重要指標，以及國家需要什麼來彌補我們需要更多工人的事實？她有沒有和我們選區的農民交談過？儘管這些農民依任何標準來看都是保守派，但要讓美國人申請並接受採收桃子、草莓和藍莓的工作卻非常困難。這是怎麼回事？她是個學者，我迫不及待想聽看看是什麼改變了她的想法……。

「我在教堂遇到一對夫婦，」她說。「他們熱愛這個國家，這裡是他們的家，雖然不合法，但我不能支持讓這個家庭流離失所的政策。」

就是這個。這位天才、聰明、保守的思想家因為一份情誼而改變了她的想法，不是因為一本書或政治綱領，也不是哪個候選人，而是因為在教堂遇到的一對夫婦。

無可否認，我們不能總是將公共政策建築在個別感情或個人經驗上，但這說明了她是如何被說服的。這也說明了一個事實，那就是我們在午餐會上沒有人猜到，改變她想法的竟是一對夫婦，而不是什麼論點或研究。

在某程度上，我們都是囚徒，囚禁在我們所經歷的、我們自己所瞭解的、我們自己生活中所見的事物裡面。你只能靠聆聽才能知道你的陪審團是什麼樣的人。人類既複雜又簡單。但我們的目標是打動這些人，與他們溝通，希望最終說服他們，而且我們並不像在法庭上那樣可以奢求在現實生活上「篩選」陪審團。我們應該接受人類經歷的複雜性和簡單性，最好的辦法是傾聽並試圖理解別人想法怎麼來的。

需要保持開放的心態

死刑陪審團就更難遴選，因為除了上述我們討論過的所有問題，你還得面臨另一個問題，即如果認定被告犯下謀殺罪和加重情節（使謀殺達到死刑要件）的話，那麼適當的懲罰是什麼？加重情節（aggravating circumstances）是指將一宗謀殺案轉變成惡意謀殺（capital murder，或譯一級謀殺、蓄意謀殺）案的額外要件。這些要件因各州不同，但通常包含以下事實：在執行另一項罪行（如破門盜竊或搶劫）時犯下謀殺、殺害特定年齡以下的孩童、或者涉及酷刑的兇殺。在南卡州，審判分成兩階段進行，第一階段審判是確定被告是否犯下南卡州法律上定義的謀殺行為，該審判會一直進行到判決。如果十二名陪審員都一致認為，在沒有合理懷疑的情況下，被告實際上的確犯下謀殺罪，他們就會宣告起訴被告這樣的裁決。然後是二十四小時的「冷靜期」（“cooling off” period），在冷靜期結束後，第二階段的審判開始確定適當的懲罰是死刑還是不得假釋的終身監禁。

理論上死刑是個值得辯論和討論的有趣議題。如前所述，我一生中對這個議題的看法改變過好幾次。對大多數人而言，死刑涉及公共政策、精神、道德、經濟和判決確定性等各種狀況，情況相當複雜，一旦判決真的執行就無法上訴。我曾目睹死刑判決的執行，觀看過一場處決。當判決執行時，會有雙重的定局（double finality）：從受害者角度，尤其是受害者家屬的角度，如果他們選擇參加的話，死刑將提醒你死亡的不可改變性。但你也會想到我們司法制度對罪犯的判決也是不可改變的，所以時時刻刻都要做出正確判決，因為執行死刑判決是沒有上訴機會的。

所以在死刑案件中，你會像其它類型刑事案件一樣對陪審員人選進行審問，也會有其它程序要進行。每位陪審員都會個別經由法官、國家或政府的律師及被告律師的訊問，就是坐在證人席上的公民會被問一些最隱私、最尖銳的問題。這些問題一般而言與任何人無關，當然也與政府無關，但其背後意義並不一般。這是為了確認你是否有資格，在一個可能造成聯邦或州政府處決某人的案件中評斷他人。

陪審團遴選一開始，潛在陪審員坐在證人席上，緊張不安且對整個流程不熟，他們即將接受一位身穿黑袍的女人或男人審查非常私人的事情，然後再由擁有法律學位的陌生人調查。站在法官的立場來想，你會問什麼？你打算怎麼開頭？這裡的目標不是說服，而是搜集訊息。你不在乎潛在陪審員對死刑的立場是一回事，你在乎的是這個立場的表述和可靠性，因為你將依靠這些問題的答案來決定從陪審團人選中「篩選」誰。

或許，你可以從讓陪審員安心開始。「先生（或女士），我要問的問題沒有對或錯的答案，我們只需要誠實的回答。無論答案是什麼，沒有人會試圖說服你採取別的立場。我們只需要知道你的立場，好嗎？**你對於死刑的整體看法和信仰是什麼？**」

在死刑案件中，有兩種類型的陪審員會被排除在外：總是主張死刑的人和總是主張反死刑的人。如果你認為奪走他人性命者將自動喪失活命的權利，那你就沒有資格在死刑案件中擔任陪審員。同樣地，如果你認為任何人都無權奪取他人性命，包含政府在內，那麼你也沒有資格擔任。坦白說，那樣的人很多，人們對於這個議題的感觸很深、感同身受。但那種不計前嫌、客觀中立的態度，那種可說是也可說不是的能力是不可或缺的。如果再怎麼令人髮指的罪行都不能判死刑，對於是否應該判死刑的案件，你又怎麼能公正地審理呢？同樣地，如果你認為每個人的生命都一樣，奪走他人性命就該付出自己性命，那麼你心意已決，也就不具備死刑案件需要的客觀性。

在審理七個死刑案件的過程中，我對人們有了很多瞭解，也花了無數的時間採訪別人，瞭解他們相信什麼和為什麼他們會相信。

這些交流為我們打開一扇窗，讓我們瞭解人類的靈魂，還有大腦如何處理信仰、感情和事實。

檢察官：先生，你認為你能裁定生死嗎？

陪審員：是的，我或許能，但我不能在竊盜案或毒品案中裁定死刑。

檢察官：你明白在竊盜案或毒品案中，死刑甚至不是一個判決選項，對吧？必須是具有加重情節的謀殺案才能。
陪審員：喔，所以不能判偷竊死刑？
檢察官：沒錯，你不能判偷竊死刑。先生，你能依據你認為正確和公平的事情裁定生死嗎？
陪審員：不能，只有受害者是孩子時，我才能裁定死刑。就像有人殺了我的孩子一樣。
檢察官：先生，你明白如果有人殺害你的孩子，你就不能加入陪審團嗎？
陪審員：不能嗎？
檢察官，對，不能。如果受害者是你自己的家庭成員，你就不能成為陪審團的一員。
陪審員：嗯，如果別人的孩子被殺了，我會裁決死刑。
檢察官：只有受害者是孩子的情況嗎？
陪審員：不，不盡然。如果謀殺不是出於自我防衛的話，我會裁決死刑。
檢察官：先生，你明白自衛殺人不會被判死刑，對嗎？自衛殺人甚至不算犯罪，所以不會任何有罪判決，因此也不會有任何讓你思考懲罰的量刑聽證會。

這樣的問答會不斷重複好幾天，試著找出能夠根據事實裁定生死的陪審員。這就是我們要找的人選，思想開放的公民會等待並傾聽事實，然後等待並決定懲罰。這就是我們在所有案件下都會經歷的過程，在重大案件中會增加額外的程序。但這個過程肯定讓我們體會到，在一般的說服情況下，擁有開放的思想是絕對必要的。說服一個不能說服的人即使並非不可能，也是很困難的事情。我們都有過這種寧可去外面跟一棵橡樹爭辯都還更有成效的對話，至少樹會安靜地聽。

同理心的影響

我們鼓勵別人在沒有以對方的角度思考之前，不要妄下判斷是有原因的。聽說別人並不在乎你有多瞭解，除非他們知道你有多在乎是有原因的。老套的話之所以老套，是因為這些話真實且經過時間的考驗。

原因在於強大的同理心。同理心將你我連接在一起。同理心是你一生中與人相互交流的橋樑。米蘭達・奧爾（Miranda Aull）是一個年輕貌美的十九歲女子，二〇〇二年在拒絕傑瑞米・奈特（Jeremy Knight）的性挑逗之後遭對方勒死。身為一名檢察官，最困難的事情之一就是在凶殺案發生後與家屬見面。雖然當父母失去孩子時真的沒有什麼適當的話好說，但檢察官與遺留在世的家屬見面很重要，這樣家屬才知道在刑事司法過程中會發生什麼。

米蘭達有一對很棒、深愛她的父母。她父親艾迪・奧爾（Eddie Aull）來到法院進行我們的初次會面。那次會面時間很短暫，我想奧爾先生連坐都沒坐，但我永遠不會忘記他離開前所說的話。他說他「不確定白人是否會重視一個非裔美國年輕女子的死」，然後就離開了。我們辦公室當時有六位能處理謀殺案件的檢察官，但奧爾先生離開我辦公室時，我決定把案件分派給一個我知道會重視他女兒生命的人，而且在司法過程中會重視他和他妻子的悲痛感受的人。我把案件分派給我自己。

整個審判過程其實有兩個陪審團。一個陪審團是將要裁定案件結果的十二名男女。另一個陪審團是坐在檢察官桌子後方第一排的那對夫婦，他們看著審判、看著檢察官、看著我們的司法制度為他們寶貝孩子的生命賦予價值。這個陪審團對我來說同樣重要。前者是必須在排除合理懷疑的情況下確信傑瑞米．奈特殺害了米蘭達的陪審團，後者呢？他們只需要確信，司法制度與其它相關單位會重視他們女兒的生命。

幾年後，我在郵局停車場見到了奧爾先生。我們像朋友一樣擁抱。二〇一九年，傑瑞米．奈特回到法庭，試圖推翻陪審團的裁定以及終身監禁不得假釋的判決。自二〇一〇年十二月離開法庭以來我只回去幾次，但我還是去參加了這場法庭聽證會。我沒有回到斯帕坦堡郡法庭，因為我是傑瑞米．奈特的定罪後救濟（post-conviction relief）審判中不可或缺的證人。過了這麼多年我還是回去，因為我想讓艾迪．奧爾知道我仍然重視他女兒的生命。不是以檢察官的身分，因為我不再是檢察官了，而是以父親的身分，因為他和我永遠是女兒的父親，不論女兒離開我們多久了。我想讓艾迪知道，雖然我不懂失去女兒的感受如何，也祈禱自己永遠不會懂，但我尊重他經歷過那件令人失魂落魄的事實，因為他永遠都不會遺忘這件事，我也應該永遠不能遺忘。

我在當檢察官的時候，每年十二月都會有一場替犯罪受害者舉行的燭光祈禱活動，由我們當地的治安官（sheriff）和受害者辯護團體所籌畫，為了讓那些失去摯愛的人能夠聚在一起。於是我就去了。有時候我會發言，有時候不會，沒有人會記得我說過的話，但他們會記得我很在乎所以去參加。面對那些因暴力而失去孩子的父母，什麼話都說不出口。面對那些等待好幾年才逮捕到犯人的親人，什麼話都說不出口。面對一個妻子因酒後駕車者身亡的丈夫，什麼話都說不出口。他們並不指望你說對的話，只要你有足夠的關心去聆聽和出席。

所以，坐下來。

聆聽真實的人怎麼說。

瞭解他們是怎麼思考。

瞭解他們在想什麼。

瞭解他們為什麼這樣想。

然後，如果可以的話，去感受他們的感受。

那才是真正的世界。

第五章
評估你的目標與舉證責任是否相符

可以耽誤你一下嗎？

到目前為止，你已經順利地確定你的目標、你的目的以及你的終極目標。你也知道（或者正在搜集）所有支持你論點的相關事實，並且已經付出一些時間思考問題的反面或訴求。你這麼做有兩個理由：一、讓你能更好表達自己的目標；二、當事實與我們的立場有關時，反思與評估可能是明智之舉。你也清楚知道你試圖打動、勸誘或說服的對象是誰、或者哪個團體。換句話說，你知道你的陪審團是誰，並花了一點時間來評估他們的性質。

那現在呢？

現在再來是評估校準（calibration）。現在要透過測量你的目標困難度，來評估目標的達成率。你需要多少說服力？多大的說服力才足以打動對方同意你的觀點？這就叫做舉證責任（burden of proof），也叫做證據標準（evidentiary standard），或者是：「我需要做到什麼程度？」不管你怎麼稱呼，問題總歸一句就是：「**我需要多少證據和支持論點，才能贏得辯論並達成我的目標？**」把說服責任或舉證責任與你的終極目標結合起來，是達成目標的必要條件。對我們多數人來說也是直覺性的理解。訴求越大，你就越需要說服力。問題越具爭議性，你的說服力就要越強。訴求越小或問題越小，你就能以更少的事實或更少的說服力來達成。

我第一次見到雪莉亞·艾金斯·克拉克（Sheria Akins Clarke）時，她是眾議院紀律委員會（House Ethics Committee）的公設調查人（investigative attorney）。對議員來說，眾議院紀律委員會是國會裡最不受歡迎的工作。你不僅要調查你的同事是否違反《眾議院規則》（House Rules，提醒一下，這並不是犯罪行為，而是觸犯眾議院本身的規定），而且這項工作非常耗時，甚至必須完全保密。換句話說，你和其他幾位議員在會議室裡待了幾個小時，等到你出來時，你不能和並非眾議院紀律委員會成員的任何人討論問題的各種觀點。與我們討論過的陪審團遴選程序不同，你是被命令來從事這項工作。你並非自願的！所以，某天下午議長約翰·貝納（John Boehner）坐到我身邊，然後說「我需要你替我做件事，我需要你去眾議院紀律委員會」的時候，我答應了。如果眾議院議長請求你做某件事，你就必須去做，至少我是這麼想的。

即使「不要」也是一種選擇，我也不會選擇拒絕。沒對，這項工作很難而且吃力不討好，但它也是國會中黨派性最低、最無政治傾向的委員會。我喜歡這樣。雙方陣營的議員均有責任，認真、公平公正地調查和裁決議員的不當行為指控。當我想到科羅拉多州州長傑瑞德・波利斯（Jared Polis）時，我想到的不是我們之間存在的許多政治分歧，而是想到我們在眾議院紀律委員會共事的時光。想到馬里蘭州的安東尼・布朗（Anthony Brown）和佛羅里達州的泰德・道奇（Ted Deutch）也是如此。沒錯，他們都是民主黨人，也都是我喜歡且敬重、很有想法的人。我們可以在委員會會議室外頭盡情展現黨派色彩，但當大門關上，公平成唯一目標時，會議室內則展現出另一番景象。

紀律委員會探討攸關聲譽的問題，攸關眾議院的廉政性。不可否認，社會大眾對國會的信任處於歷史低點，所以也攸關公眾的信任度。

紀律委員會是這樣運作的。公設調查人中的某些人，例如雪莉亞・艾金斯・克拉克，會替委員會進行初步調查，然後在委員會議上以口頭方式向委員們報告。我第一次聽到雪莉亞在紀律委員會會議上發言時，她以事實為中心，用詞精簡，並在我們提問之前就預想到大多數委員的問題，她具備了三種非常好的特質。

於是，我做了我的職涯大部分時間都在做的事：當我看到一位具備獨特技能的女性或男性時，就會在心底記下這個人，若之後環境條件許可的話，他或她可能勝任某個職位。所以貝納議長要求我領導關於二〇一二年利比亞班加西恐攻事件的特別委員會時，我便請雪莉亞加入調查團隊。在眾議員傑森・查菲茲（Jason Chaffetz）辭去監督暨改革政府委員會（Committee on Oversight and Government Reform）主席一職之後，由我接替他剩餘的任期，雪莉亞也加入該委員會擔任幕僚長。而當我離開華盛頓特區，回到南卡州從事法律工作時，雪莉亞與她的夫婿傑文（Jevon），還有他們漂亮的三個孩子也跟著到南卡州。

她特別擅長一件事，雪莉亞可以說是，世界上最擅長故意讓舉證責任與目標不對稱的人。正確地校準舉證責任或證據與目標之間的協調性是必要的事，但像雪莉亞那樣故意讓兩者不對稱的方式會更加有效。

「特雷，我想請你幫個大忙。如果你不答應，我可以理解。我真希望自己不必開口，但我沒別的人可以問了。」

這就是雪莉亞的典型開場白。

聽到這段開場白，你肯定也有和我相同的想法。她該不會要拜託我跟我太太在她和傑文去開曼群島時，照顧他們的三個孩子一個月。或者，她該不會要我去看腎臟科醫師，確認我身體是否與一個需要腎臟移植的家人匹配。又或者，她的重大請求該不會是她打算跟我借用我那支奧德賽七號推桿（這支推桿我連讓人看都不准，更別說想觸摸或借用了）。

但接下來的情況，以上皆非。她下一句的請求通常是「我可以借支筆嗎？我的不能寫了。」或者「你願意跟一位今天就要回大學念書的實習生拍張照嗎？」

她在前面鋪陳的敘述與後面的請求極不協調且不對稱，讓你在聽到請求那麼小之後就鬆了口氣，然後立刻答應她。她過度鋪陳只為了向你提出小小的請求，你的心裡也因為請求很小而感到安心，於是出於本能地立即答應。

但我們也都經歷過另一種與之相反的情況，而這種在試圖打動別人或說服別人時，是非常糟糕的情況。

我們家幾乎每週六都是我去超市採買用品，我太太是一名學校老師，平時工作非常辛苦，所以我會做點事情讓她輕鬆點。

好吧，這並不是真正的原因，但我覺得這樣寫會比較好。真正的原因是，她是我們城鎮最受歡迎和最受喜愛的人，每次都要花上幾個小時才能完成清單採買，因為超市的每條走道都會有人把她攔下來講話。有幾次她才拿完一件商品放進購物車內，人還在店裡採買，清單尚未完成，結果那件商品就這樣過期了！雖然不是真的，但採買情況也差不多就是如此。

當我在採買時，偶爾會遇到一些善意的人，但他們在評估目標與說服我之間的校準度根本不協調。

「嘿，特雷，可以耽誤你一下嗎？」

這個「一下」會讓你想到什麼？應該只是簡單的問題，簡短回答就好，對吧？

「可以，」我說。

「你覺得邪惡的起源是什麼？如果三分之一的天使被逐出天堂之前，確實存在客觀真理的話，那麼他們選擇導致他們被驅逐的客觀邪惡起源是什麼？」

「呃……，你剛才說什麼？我試圖看懂我太太的筆跡（藝術家的筆跡有點潦草），想知道她腦海裡的這款義式白醬是不是放在某個地方……。你現在是問了我一個困擾偉大哲學家幾世紀之久的問題嗎？」

又或者，某位紳士問你是否介意參加他們的（不是你的）家庭聚會，向他們介紹華盛頓發生的最新狀況？

「嗯……，我不確定能不能參加，你們家庭聚會在哪裡？」

「在內布拉斯加（Nebraska）。」*

諸如此類的要求與現實情況並不協調。說服別人在超市採購時停「一下」腳步，討論邪惡的起源，或是要對方參加他們遠在一千英里以外的家庭聚會，這種說服別人的責任非常重。而且你會馬上意識到，他們要求的事情和你可能履行的機會，兩者根本毫無相關性。

一般的經驗法則是，要求越小，所需的事實和說服力就會越少；反之，要求越大——試圖說服或打動某人從原本立場變成別的立場——所需的證據和說服力就會越多。

雪莉亞以一種不尋常的作法（由此反映了我無法解釋的一部分人性），故意讓她的要求與我預期的不對稱，這種作法產生影響廣泛的效果，變成每當她要求什麼時，我都會習慣說「好」，我習慣讀懂她那種確實有求於我的心照不宣。因此，這種在小事上說「好」的條件性反射作用，使我有可能在更大的要求上說「好」。這是一種信念，或者，你要說是信任也可以，那就是因為她在過去對自己的要求進行仔細的校準評估，那麼無論她在未來要求什麼，都會進行適當地校準，因此我應該會答應她的要求。至少在我看來，善於處理小的要求，讓她在大的要求上成為可以信賴的人。

這有點像我父親在我小時候經常做的事。如果他借用了什麼，他歸還時的物品會比他拿到時還要完好。如果他借了別人的卡車，他歸還時會把車子洗乾淨，還加入更多的汽油。如果他跟你借一美元，他會還你一美元或更多。這就類似於信任。比起那些要求你等一下卻要浪費你三十分鐘的人，這種對自己提出的要求懷抱真誠、真正心存感激的人更有可能獲得想要的答案。

適時調整舉證程度

對你來說什麼是最重要的？在你心目中，哪些信仰是最神聖的？對我們多數人來說，答案大概是我們的精神或神學信仰。因此，儘管我們可能拒絕別人有關其信仰的說教，或拒絕他人宣教

* 譯註：位於美國中西部，但南卡州在美國東岸。

的意圖，甚至可能拒絕參加我們自己禮拜場所以外的邀約，但我們也許願意閱讀某篇文章，或參加某個禮拜場所的社交活動。當你開始與別人針對新舊問題進行溝通時，你必須擁有一個不斷運作和調整的內部校準工具。我的意思是，你必須準確理解你要求別人做什麼和你所要求的意義。你必須尊重別人對於某些信念和信仰的嚴肅態度。如果你覺得你要求得太多，請立即降低要求。從小要求著手，然後循序漸進地逐步達成，這樣的作法會更好。但我們有時候會失敗。也許我們想讓某人參加一場關於新產品或新財務機會的會議，你絕不會先要求對方投資，你要求的是一個開放的心態、一個傾聽的意願。

甚至我們在開場白的表達方式也會定下好或壞的基調。如果和你交流的人在開頭就用一種更宣言性或武斷的語氣，比方說「你應該」或「事實上」，你的反應可能完全不同於當對方問你「有沒有考慮」或「是否願意聽取」某個議題時的那種反應。這就是我在很多句子都用「你對……持開放態度嗎？」當作開頭的原因。沒有人認為自己不接受新思想，所以他們當然希望抱持「開放態度」。

要求我「考慮」某件事或對某件事持「開放態度」的說服責任，比要求我接受或參與某件事的責任還要輕。我們大多數人都是如此。

如果這件事對你來說很重要，那你可以很有把握地認為，這件事對於你正在溝通的對象來說也很重要，他（她）也有一些堅持的信念。如果你對自己的想法很堅定，那麼他們也很有可能一樣對自己的想法很堅定。所以，你提出的要求和有望縮短請求與接受彼此差距的證明層級（level of proof），兩者之間的關聯性必須近乎準確。

再度證明了刑事司法程序是有幫助的。

從證據性立場來看，警察在街上攔下一個人並提問需要什麼條件？你有沒有想過？警察走向你並問你一個問題需要什麼？就算有的話也不多。警察可以隨意接近市民，並詢問他們有沒有時間。

所以在生活上，我們也可以自由地接近朋友、陌生人、家人或同事。但我們必須理解一點，我們接近他們的自由，和他們說「不行，現在不是時候」的自由是一致的。

如果是詢問一個因合理的交通違規而被攔下的駕駛人，是否允許搜車呢？同樣地，詢問時不需要什麼證據，因為駕駛人可以說「不」，詢問也通常到此為止。這就是所謂的「同意」（consent）。你可以同意，也可以不同意，但只是詢問幾乎不需要什麼證據。這就相當於問別人，是否對某件事持「開放態度」或者願意「考慮」某件事。

那麼如果告知該名駕駛人，你聞到了大麻氣味，在駕駛人可以自由行動的同時，你可以找隻緝毒犬來嗅聞汽車的周圍是否出現管制藥物嗎？需要多少證據，警察才能找緝毒犬透過嗅覺來「搜查」你的汽車周圍？法律上稱之為「可敘明的懷疑」（articulable suspicion）。這只是一種預感，但也僅此而已。扣留汽車必須有一定的理由，但司機駕駛人可以自由行動。可以肯定的是，在緝毒犬嗅查結束以前，你沒有車可以開，但至少理論上你可以行動。在零到一百的範圍內，詢問是否同意搜查是零，詢問一個路人是否有時間是零。找緝毒犬來嗅查車輛則需要更多，但不至於到最高。按照我們零到一百的數值尺度，我們假設二十到二十五是所謂相當於「可敘明的懷疑」的證明層級。

逮捕一個人需要什麼條件？要構成什麼條件才能從法官那裡取得搜查令來搜索房屋或公司？這需要法律上所稱的「合理根據」（probable cause，或稱相當理由）。這並不表示那個人「可能確實犯罪」、或者犯罪證據或違禁品「可能在哪裡」。合理根據是可信度高於預感，但只有五成的確定性。舉證責任不重，對吧？我們大多數公民會驚訝地發現，你們可能會被逮捕或者你們家遭搜查，但證據的確定性卻不到五成。但這就是標準。在〇%到一〇〇%的範圍內，合理根據大概佔三〇%，但小於五〇%。

我們先擱置刑事司法體系，來看看我們的民事司法體系。正如你可能知道的，民事司法體系固然非常重要，它與刑事領域截然不同。當你想到刑事時，會想到為自由而戰，想到民事時，會想為金錢而戰。

合約糾紛、汽車事故案、醫療疏失或法律瀆職案、滑倒和跌倒案件以及建物責任等，這些只是我們司法體系中民事方面處理的一些事務類型。再次強調，民事方面非常重要，但差異很大。其中一個主要差異在於舉證責任或說服責任。在民事案件中，你必須使陪審團相信某些事情很可能發生。我們稱之為「優勢」（preponderance），但用最簡單的詞語來說，就是某件事是真實的可能性大於不真實的可能性，或者發生的可能性大於沒有發生的可能性。

有些人會誤以為，這樣的證明層級在〇%到一〇〇%的範圍內相當於五一%，但實則不然，這樣還是太高了，應該是五〇．一%。

想像一組水平高度相同的天秤。現在，在你的腦海裡將一根羽毛或一條細線放在天秤的某一端。看看那細微的變化，細微到幾乎看不出來嗎？這就是一個優勢。證據優勢無須負擔特別高的舉證責任或說服責任，而且這是在現實世界中很容易達成的程度。如果你想說服一位同事午餐吃義大利菜而非墨西哥菜，靠多數人的優勢就足以達成。

有時候，你在法庭上會遇到一種所謂「證據明確」（clear and convincing evidence）的舉證責任。雖然你在法庭上不太需要這種程度的說服力，但在現實生活中，你會經常有需要這種說服力的情況，所以這是值得解決的問題。你考慮換工作嗎？你考慮留在當地還是到外地上大學？你有沒有考慮過搬家，搬家帶來很多頭疼的問題？我們先前放在正義天秤上面的那根羽毛或細線，可能不會也應該不足以動搖你。你需要的不僅於此。這些都是重大的決定，無論是說服你自己或其他人，都會需要相對較高的說服程度。

在你最有可能討論或試圖說服別人的重要問題上，說服程度應該是你自己心中設定的實際目標。你能不能結合事實，讓一個開明的陪審團願意且能夠被打動，並說服別人相信你顯然是正確的嗎？在一%到一〇〇%的範圍內，七五%是「證據明確」，應該遠超過你的舉證責任標準。

所有證據責任（evidentiary burdens）的源頭是「排除合理懷疑」（beyond a reasonable doubt）。如果你看過法庭戲劇或以警察和法律為題材的影集，就會經常聽到這句話，這是所有刑事案件都需要達標的舉證責任。問題是，「『排除合理懷疑』的意思是什麼？我們何時跟如何達成？」——這是非常好的問題，連大多數律師都無法向你解釋。

事實上，在某些法庭上，律師甚至都不能向陪審團暗示或告知這句話的含義。這是由法官來做的工作。但這對我們沒什麼幫助，對吧？尤其是當你下次與家人或岳父母共享感恩節晚餐時並沒有法官在場，而你又感覺有機會進行溝通和說服的時候。慶幸的是，這裡有幾個常識性方法可以用來看待這個證據標準，並知道如何用最簡單的詞語來理解。合理懷疑指的是，會讓你在面對生活重大議題時停下腳步，考慮不要繼續下去的一種懷疑。或許我能說服你在一家新創公司投資一百美元，不入虎穴、焉得虎子。投資失利的風險很低。如果我要你向同家公司投資一萬美元呢？那就需要讓你更加信服，因為投資失利的後果會更嚴重。如果我要你將辛苦賺來的錢和孩子的教育基金都拿去投資呢？那麼你會需要多大的堅信程度？非常極度地堅信。

現在我們開始對於什麼是「排除合理懷疑」有了一點概念。有人讀到這個章節時會對他（她）自己說，即便如此也不足以讓我拿孩子的大學基金去冒險。我想毫無疑問（beyond all doubt）的確定。這是不可能的標準，因為輪到你說服別人時，你不會期望達到這個標準，所以你應謹慎地避免要求別人達到你自己都無法達到的標準。

你不可能知道所有事情的全貌，那你怎麼可能在毫無疑問的情況下被說服。說服別人的一部分是自己接受被說服，這表示你對於任何新的事實或以前沒有思考過的證據會謹慎提防。如果總是有可能出現新的事實或證據，那麼總是會有可能產生一些懷疑。因此，即使是在認定某人犯下最令人髮指的罪行並對其判處最嚴厲的懲罰時，證明標準也不會是毫無疑問，因為不可能辦得到。懷疑必須是合理的，必然是一種你可以用理性、深思熟慮加以理解的懷疑。

因此，什麼懷疑會讓你在進行人生重要決定時猶豫不決？這就是看待「排除合理懷疑」的防禦性方法。肯定性的看待方法是，你是否堅定地相信？不只有確信，而是堅定地相信。在一％到一〇〇％的範圍內，對於你所說的和所做的事情抱持九五％的確定性。確定性很高，很嚴格的標準。這是我們可能達到最接近確定性的程度。對於最嚴重的犯罪和我們社會實施最嚴格的制裁來說，這種標準已經足夠。

所以如果我們將該標準保留在刑事司法領域中最重大的問題上使用，那麼將它保留在一生中最重大的問題上使用也是講得通，對吧？是否要結束一段長久關係或友誼？是否要與某人結婚？是否要與某人離婚？是否要改變宗教信仰？人的一生中幾乎沒有什麼事情需要證明或證據，或排除合理懷疑的說服，但你應該提前知道這些問題是什麼，並相對調整你的證明層級。

懷疑容易產生，卻難以克服。我們在持續朝向說服旅程邁進時，應謹記在心。

所以，當別人對你自己的想法播下懷疑的種子時，你要當心，而當你自己需要的時候，同樣也要留心如何播下這些種子。

接著是關於舉證責任的最後一點看法。雖然在審判過程中舉證責任並不會改變，但在現實生活中它卻一直在變化。一些在我們看似微不足道的事情，對於我們正在溝通的人可能有著極其重要的意義。所以在談話進行到一半的時候，我們需要重新調整我們的說服程度。有些人會有盲點、痛處、非理性的恐懼或觀念。我們可以感嘆他們有些獨特的地方，需要不成比例的事實或證據才能贏得勝利，但這並不能改變現實，一場原本可以輕鬆應對的討論已轉變成更複雜的爭論。透過聆聽和觀察，無論是個人、十二人陪審團、政治對手，還是整間會議室的同仁，我們都能感覺到自己需要更多；透過感覺到這種需要，我們就能調整自己證據的充分性，以便提高並達到說服的程度。

因此，記住你的舉證責任標準如下：

同意（Consent）：〇%
可敘明的懷疑（Articulable Suspicion）：二〇%至二五%
合理根據（Probable Cause）：三五%至五〇%
證據優勢（Preponderance）：五〇・一%

證據明確（Clear and Convincing）：七五％

排除合理懷疑（Beyond a Reasonable Doubt）：九五％

毫無疑問（Beyond All Doubt）：哈！這是不可能的。

但這讓我不禁想問：為什麼在現在政治舞台上，我們表現得好像舉證責任必須受到反對派的嚴格檢視——排除合理懷疑，甚至過分要求達到毫無疑問的程度？或者另一種情況是，對於那些同意和認可我們信念的人，證據標準落在〇％也沒差？

我不能代表所有議員的經歷，但我可以談談我自己在國會的經歷。我覺得說服他人的責任——比方說，共同提出一項法案或共同解決一個重要議題所需的證據數量——很輕。要找到兩人意見一致的事情並不難，即使他們的政治立場不同。議員們對於聯邦政府的角色、其角色的範圍、以及如何履行這些角色和範圍肯定有不同的看法，但我們必定能找到一些值得共同追求的事物。

好消息是，在華盛頓，這類情況比你想像得還要頻繁——大家私底下願意合作。但壞消息是，合作並沒有得到太多重視（至少在眾議院方面是如此），因為我們目前所處的政治環境，使得這種合作的風險往往超過進行重要或公開合作的潛在好處。有許多我覺得共事起來很愉快的民主黨人，儘管我們在整體意識形態上有所分歧，但他們在我們互動交流上表現真誠；（據我所知）他們的動機是基於公共政策的驅使，而非基於政治因素。在我自己的經歷中，這些合作愉快的人包含來自夏威夷的圖爾西・加巴德（Tulsi Gabbard）、時任眾議院議員現為亞利桑那州參議員的克里斯汀・席納瑪、路易斯安那州的塞德里克・李奇蒙（Cedric Richmond）、加州的佐伊・洛福格林（Zoe Lofgren），紐約的哈基姆・傑福瑞斯（Hakeem Jeffries）、佛蒙特州的彼得・威爾希、紐約的凱薩琳・萊斯（Kathleen Rice），以及美屬維京群島的史黛西・普拉斯基（Stacey Plaskett）。

但在立法和政策問題上，與我談論最多的民主黨人是來自麻薩諸塞州的喬伊・甘迺迪（Joey Kennedy）。喬伊和我可能永遠不會投票給對方，我們也不該如此。我們在一些問題上有不同的看法，但他勤奮問政、認真負責、樂於傾聽。與他密切相關的議題上，他也充滿熱情，而且學識淵博。任何需要誠信和毅力的工作，我會在第一時間考慮他，我也希望他會考慮我。

在今日的政治環境中，要說服自己、讓自己相信尋求跨黨派解決方案是值得的，這種說服責任比過去還難。現在政治上幾乎所有事情，都需要拿毫無疑問的證據來向我們的批評者證明，對於我們的支持者則幾乎不需要證據，就算有也不用太多。希望我們能夠回到可以適時調整天秤的日子，困難的目標就需要顯著的說服力，思想可以保持開放。因為任何事情都不該沉重到無法舉證，也不該是毫無證明力的天秤。

第六章
一旦學會偽裝真誠，那其它沒什麼是你做不來的

真實性的獨特力量

羅斯・安德森法官給我的諸多建言中，最簡單的一條是：「像大衛・史帝芬斯（David Stephens）在法庭上做的那樣去做。」

你們大概不認識大衛・史帝芬斯。他是南卡州的前州檢察官，最近從聯邦檢察官的位子退休下來。個性老派，他從基層一步步做起，現在很少人這麼做了。經歷過一次又一次的審判，大衛輸掉的審判比大多數檢察官審查的案件——勝訴和敗訴的總和——還要多。但他仍是我見過最好的訴訟律師（litigator）。勝訴不等於好。好就等於優秀，而大衛是最優秀的。他之所以優秀，是因為他很真實。陪審團相信他，法官信任他，辯護律師也很尊重他。

在我早期擔任檢察官的時候，我曾向他取經如何成為一位有效的說服者，最後我請他告訴我在法庭上表現出色的秘訣。首先，他嘟囔著說什麼木匠必須擅長使用鐵鎚跟鋸刀（翻譯過來就是：**你需要知道證據的規則**）。然後他含糊地說一些關於與真實人物溝通的事情（翻譯過來就是：**擴大你的人際交流圈，這樣你才能接觸到社會各個階層的人**）。最後他嘴裡咕噥著真誠和可靠，但接下來這句話我聽得清清楚楚：「特雷，成為優秀溝通者的秘訣在於真誠。一旦學會偽裝真誠，那其它沒什麼是你做不來的。」

即使我很久以後忘記孩子的名字、忘記我七號鐵桿打了多遠，我都會記得這句建言。這是關於有效溝通的最好建議，卻也是最難做到最好的建議。

當然，你無法「偽裝」真誠，但我明白他的意思。如果連你都不相信自己說的話，別人也不會相信。如果你沒有投入自己銷售的產品，別人也不會投入。如果你對自己所信仰的沒有熱情，那麼跟你唇槍舌戰的人很可能也不會有什麼熱情，而你在激昂講理時必不可少的就是熱情。

那麼，你自己相信你所主張信仰的事物嗎？你為什麼會相信？你相信多久了？是什麼讓你相信？除了相信之外，你還考慮過哪些選擇？你能用令人信服的方式傳達你信仰的事物嗎？如果不能，那麼學習如何令人信服地傳達的關鍵是什麼？

情感在追求真誠的過程中是很重要的東西。情感最好是用來加強或補充其它說服工具——比如事實、理性和邏輯——而不是單獨使用的工具。但情感很強大，在打動人心的時候會起作用。

然而，想獲得最有效、最持久的說服效果，關鍵在於你要深入挖掘自己保留的情緒和情感，並將其與更重要的準則或基本信念聯繫起來。對公平感性，對正義感性，對機會或教育充滿感性。但不要只是感性。想要產生效果，情感不能靠設計而來——情感必須誠摯——擁有誠摯情感的最好辦法，就是將這種情感與某些更大的信念或真理聯繫起來。另一方面，製造出來或設計過度出來的情感，不僅沒有幫助，而且會破壞你想實現的目標。

我們都參加過婚禮或新生兒派對，當天那對夫妻將收到第二十七把鍋鏟或第五十三盒嬰兒濕紙巾，他們的反應讓你覺得他們彷彿收到了希望之鑽（Hope Diamond）。事實上，我們對於鍋鏟或嬰兒濕紙巾很難表現出興奮之情，所以儘管我們可能會放過他們一馬，但這很難有說服力或可信度。

像這樣，如果你認為某件事情很重要，但你卻感受不到怎麼辦？在你對你的話題沒有那麼投入的日子裡，你如何反映真實性的特徵？那些你相信某件事，卻很難喚起激情的日子呢？但大多數時候都是如此，不是嗎？我們不會事先安排好所有的溝通或說服工作，我們知道感恩節晚餐可能會談到政治，但我們未必會料到在購物中心停車場會談到政治。

大衛・史帝芬斯並不是真的要我們照字面上去「偽裝真誠」，因為基本上你不能假裝真實，而且如果有人懷疑你試圖這麼做，陪審團將會嚴厲地批判你。聽過「鱷魚的眼淚」這句話嗎？「鱷魚的眼淚」是我們表達某人虛情假意、偽裝真誠（假裝同情、憐憫或悲傷）的用語。這句話源自於從前人們認為，鱷魚在捕食獵物時會留下眼淚。我們現在還使用這句話是有原因的，而且這句不是恭維。真正的情感能打動人心，做作的情感使人厭惡。當情感是真實的，會產生強大作用；當情感是人為的，就會造成破壞。

那麼大衛．史帝芬斯的意思是什麼？簡單來說是指：盡可能地真摯、誠懇、真實。在很難充分感受到情感的時候，就去模仿能夠體現真誠的樣子。你不是流著鱷魚的眼淚來「偽裝」，情況正好相反，你是渴望想要模仿感興趣、同理心和認同的能力，太過投入到你願意有意識地和潛意識地都付出努力。

雖然不想聽起來如禾林羅曼史（Harlequin novel）般，但它有點像愛情。有時候，愛是你感受過最強烈的情感……，然後，有時候不管你碰巧感覺如何，它都是一種承諾。但那並非貶低愛的存在，只是因為有時候你真的必須努力去愛。

同樣地，我也想過，銷售男女人員怎麼會熱衷於推銷不太理想的產品。但也許那個販賣劣質吸塵器的人根本不是在賣吸塵器。也許他販賣的是價值。也許賣吸塵器比上一份工作讓他有更多時間和家人在一起。也許高級吸塵器壓過他家狗的腳，傷到小寵物，而次級吸塵器永遠不會造成這麼大的傷害。如果你對吸塵器本身沒有任何感受，那就賣你可以激發情感的東西。

要喚起對謀殺案的激憤之情並不難，對兒童或弱勢群體的犯罪案件情緒激昂也不難體會。但對於每天的毒品案件呢？你要如何做到真摯、真實、並可靠地處理一起持有並意圖散布管制藥物的案件？

你會發現其它能讓你激發情感的東西。當然，這裡有一些基本原則是你可以掌握的。在毒品案件方面，大衛．史帝芬斯會說「一股邪惡風氣席捲了美國的操場和校園，捲走無數的生命。」那是能讓他激發忿怒並因此真誠且真實的東西。這不只是州際公路上的一起汽車臨檢事件，在緝毒犬嗅聞下，發現後車箱的隱藏收納格裝滿了古柯鹼。他已經這樣操作過上百次。他找到了一種原則、一種理想，或一種他可以維持真誠的戒律。要在一宗暴力犯罪案件中引起陪審團的情緒反應並不難，但在一宗毒品案件裡，若沒有清楚明顯的受害者，是很難引起相同的共鳴。

但是，要怎麼對於輕罪——某位媽媽在學校大吵大鬧、大發脾氣的困擾案件——表達真摯的情感？拜託！誰會這樣做？看在上帝份上，這種輕罪在法定懲處上最重也只會判九十天，又不是叛國罪，誰會為這種情形流淚哭泣呢？

可是我做到了！你也可以！如果你發現一個足以理解的更大原則和比那個時刻更重要的總體準則，你就做得到。

有道德操守的委託人

這不是我預期的會面。某位國小校長來到法務官辦公室，討論一起令人煩擾的校園案件。這起案件對她來說，非常私人也很重要。該案件是這樣的：一天早上，羅賓．史洛斯（Robin Scruggs）送孩子到學校時又遲到了。那位孩子很晚才走去辦公室簽到，然後與副校長打招呼。史洛斯太太聲稱，她看到副校長打小孩，所以走進學校與副校長對峙，接著場面就一片混亂。後來史洛斯因擾亂校園被捕，她的辯詞是副校長打她小孩，所以基於自衛和保護孩子才出手。

擔任法務官期間，通常這類校園糾紛案件不會出現在我的辦公桌上。在我任法務官時負責的兩個郡，平均每年都有二、三十起凶殺案，幾十起持械搶劫、破門盜竊、家暴案件，以及針對兒童的犯罪。事實上，我們平均每年有一萬多張授權令，需要經過一個設備簡陋的系統來處理和裁決，而這個系統根本無法處理這麼多的授權令。所以，我沒有時間處理校園案件。這起特殊案件先前曾由同辦公室的其他人審理過，當時陪審團以六比六分成兩派結果。你們應該還記得，刑事案件的陪審團必須全體一致作出裁決。第一次審判就在十二位陪審團中失去六位的支持，對於後續審判並不是什麼成功的預兆。另外，證人已經作證過一次，他們需要堅持先前說過的證詞。第二次審判可能不會有任何新的或特別的證據。審判工作需要花費數周來準備，將占用幾天本已寶貴的法庭時間，而且即使被告獲判有罪，她也不會進監獄。在我看來，這並不是善用法庭時間的案件。但伍德蘭海茨國小（Woodland Heights）校長卻有不同看法。

於是，我們會面。

結果她說服成功了。

我輸了。

我不僅同意我們辦公室將再次審理這個案件，而且同意了將由我進行這起案件的再次審理。為什麼我會親自出馬？因為真實性。校長帶著可能最具說服力的證據來會面，也就是副校長，她在公共教育領域無可挑剔的教職生涯正因為她（可能）打小孩的指控受到玷汙。無論聽這位副校長講多久，你都不能不認為她就是你希望來教自己孩子或孫子的那種人。她善良、溫和、有教養，而且無法理解為什麼有人會在沒有任何證據的情況下指控另一人打小孩。所以，她的真實性讓我決定將此案帶回法庭。她的真實性讓陪審團看到，沒有哪個老師或副校長（至少不是這位）會因為一個小孩在那個學期遲到三十多次就動手打人。這個孩子不會自己上學，還不會開車，而且還不到走路或騎腳踏車上學的年紀。準時接送孩子上學是家長的責任，但那位家長在這方面表現很差勁。也許你會想打家長，但不會想打小孩。

該位副校長的真實性、真誠、可信度，以及由此產生的可靠性，激發了其他研究此案的人去找出自己內心的情感觸發點。是什麼讓你在乎到在陌生人面前流淚？你自己的聲譽。是什麼讓你毫無理由地接下案子？一名致力於教育孩童的女性，在面臨嚴重指控時，應保有獲得傾聽和辯護的權利。

是的，該位副校長在法庭上向陪審團作證時哭了。我也哭了。她哭是因為她被指控最陰險、最具毀滅性的事情，一名教育工作者被指控傷害孩子。我哭是因為我面對著一種罕見的純潔精神，她擁有純潔的信念，她認為如果我們再審一次案子，陪審團有機會聽到這一切，就會做出正確的判斷。

而我們做了正確的事。被告後來獲判有罪。她去學校大吵大鬧並不是因為她的孩子挨打，而是因為她的孩子又遲到了，她需要做些什麼來掩飾自己沒有準時送孩子上學的事實。法官沒有判處她監禁或拘留，因為那樣判處又有什麼用呢？最後又是孩子變成受害者。有一位經常睡過頭的母親是一回事，但母親入監服刑三個月又是另一回事了。

真實性可以讓人們去做他們從未想過要做的事情。真實性可以激勵、啟發、勸誘和說服。我從根本不想接這個案件到親自接手，一切都在半小時之內發生。所有發生的一切都是因為某人說服我，有些事情比我的時間更重要。我從原本在辦公室一想到接這麼小的案子而笑出來，到在法庭上哭出來，都是因為她說服了我，提醒了我所信仰的事物：公平、榮譽和清白。

雖然你可能拘泥於你試圖擁護的任何立場的事實（在這起案件中，是一個不太受關注的校園糾紛），但創造力是無限的，你可以將這些事實融入真實人物的現實生活內。如果問題很大，你不需要做什麼，只要公平簡單地陳述即可。但在你覺得自己感受不到特別的情感或真誠的時候，記住大衛．史帝芬斯所說的：不要「偽裝」真誠，因為你做不到，去創造一些更大的東西，訴諸於更崇高的理想，達到無所畏懼的準則，並將你的論點融入到這個結構之中。

交戰規則

假如你就是真的、真的沒感覺，我的意思是，你的靈魂空虛，內心冷酷，你是超越所有人類理性的虛無主義者（沒關係，我們都有過這樣的經驗）。如果你無法真誠——如果你無法表現真實——那你至少可以參與其中。

你會問，你該怎麼做？就像你在其它你重視的更穩固關係中所做的那樣。你會有眼神交流，你的肢體動作會表現出歡迎而非排斥。你會聆聽，你可能沒有全部聽進去，但你會盡己所能地傾聽。我們都有幾位會不斷重複同樣故事的朋友。難不成你會打斷他們，然後說「這和你上週跟我講關於你孫子的故事一樣，無聊透頂」嗎？不會，你會表現得好像是第一次聽到，為什麼？因為傾聽會吸引人，不傾聽則使人反感。

傾聽的一部分在於提出後續問題。你聽得越多，後續提出的問題就會越好，上帝會創造諸如「真的嗎？！」、「太神奇了！」和「然後怎麼了？」之類的說法是有道理的。你可能沒有很專心地聽，但你正專心地參與其中並盡己所能。

實話？我自己在這方面也需要做得更好一點。有的時候，我那位親愛的、漂亮的、完美的妻子開始劈哩啪啦講起了無頭無尾的故事——就像赫米斯（Hermes）在宙斯指示下，為了躲避赫拉（Hera）而告訴阿格斯（Argus）的那個故事一樣。*從房子這邊講到房子那邊，我覺得逃避是最好的選擇。但逃避所愛之人講的故事並不吸引人，所以參與就是在你即使沒有任何感受時，也能模仿得好像真的在聽的樣子。

伊利諾州的民主黨籍前眾議員路易斯．葛提瑞茲（Luis Gutiérrez）說得很好：「如果別人不喜歡你，他們可能會投票給你；但如果他們認為你不喜歡他們，他們絕不會投票給你。」換句話說，跟你交流的人相信你關心他或她嗎？你的聽眾相信你在乎他們和你所討論的話題嗎？這就是參與。

路易斯說的沒錯。別人想知道你在乎他們，我們喜歡那些喜歡我們的人，也喜歡對我們好的人。我在法庭和政壇看過了上千次類似這樣的情況。大衛．史帝芬斯在向陪審團作開場陳述（opening statement）時總是讚揚辯護律師。為什麼要在審訊開始時誇獎你的對手呢？其實原因有兩個：一、陪審團會認為你是一個公正中立的仲裁者，而不只是辯護人；二、對辯護律師也有影響，他或她會覺得有必要用讚美回應讚美。

在政壇，我們經常聽到不同黨派的政治人物稱呼別人為「我來自德州的朋友」或「我來自南卡州的朋友」。即使他們無法忍受其稱為「朋友」的人，他們仍會這麼做。為什麼？因為這招很管用，既可避免自己日後遭受可能的批評，而且讓自己顯得客觀超脫。

討人喜歡的一部分在於理解人性和我們大多數人共有的特質。別忘記，整體而言，比起傾聽，人們更愛說話。人們往往認為，主要由自己發言的時候，談話會進行得較好。我們都經歷過這樣的情形：和我們一起聊天的人講了九成的話，最後說「很高興我們傾心暢談，真的獲益良多」。一旦你記住——甚至是接受——人們喜歡說話勝過傾聽，你就能成為好的傾聽者。不是因為簡單或有趣，而是因為傾聽有助於你說服的成效，當你需要在某個問題上與某人進行爭論時，傾聽能提供寶貴的訊息。

還有什麼能讓你討人喜歡？在小地方上讓步。我花了大半輩子說服我家其中一位孩子整理「她」自己的房間（暗示夠明顯了吧）。她是出色的談判家，如果我們派她出馬，她可能連中東動盪都能平定。她喜歡討價還價、談判協商和討論，但不喜歡整理她的房間（或浴室）（或汽車）。所以，我會讓步，「好，不一定要在中午前完成，只要半夜十二點前完成就行了；今天什

---

* 在這則希臘神話中，已經與赫拉結婚的宙斯，又愛上一位名叫伊俄（Io）的年輕女子。在赫拉發現之前，宙斯將伊俄變成一頭母牛，並計畫將她帶回奧林匹斯山（Mount Olympus）的家中後，再把她變回美麗的女子。但赫拉發現他的計謀，於是命令阿格斯監視伊俄，以確保宙斯永遠無法將母牛變回少女。阿格斯有一百隻眼睛，也就是能夠永遠不睡覺。於是宙斯派赫米斯去跟阿格斯講一個沒有開頭也沒有結局的故事，慢慢地，一百隻眼睛都安然入睡。宙斯也把伊俄變回美麗的少女。

麼時候都可以，在明天以前完成。」幾乎每次對話都會給你做些讓步的機會：「我明白你在說什麼」、「我懂你的意思」、「我知道你為什麼相信你所相信的」。這些都在表達一個意思：我在傾聽，我在思考你所說的話，我在努力理解和適應。

最後，你建構論點的方式將大幅影響你給人的印象，無論是討人喜歡、令人愉快、真誠、還是好辯、尋釁、凌辱別人。你是先從你最易引發爭議的觀點開始，還是從雙方都認同的觀點開始？我認為最好從一個沒有爭議的觀點開始，然後再從一個更以事實為主的論點跟進。例如，人們對於憲法第二修正案（Second Amendment）的正反兩面都有強烈的感受，所有具備良知的人都對我國遭受的大規模槍擊的流行感到憤怒。當無辜民眾遭到計畫性武器槍殺時，我實在不知道有誰不會被激怒和掉淚。問題是：我們該怎麼做？哪些作法可行？哪些作法符合其它關於自衛權的堅定信念？因此，我以敏銳的態度看待這個問題，並尊重那些與我在解決方案上可能意見分歧的人。首先從承認我清楚明白的事實展開我的辯護：

我用將近二十年的時間，親眼目睹了殺害無辜生命的武器所造成的死亡、破壞和痛苦。我花了二十年的大半時間試圖阻止人們殺人，當我失敗的時候，我試著幫助家庭為他們的親人討回一點公道。我知道目前對於誰可以合法持槍、什麼槍枝可以合法持有、哪裡可以合法持槍等方面的管制措施，也就是說，我願意接受你為防止無辜民眾被殺害所提出的任何想法，那麼你會提出什麼額外的管制措施？什麼數據讓你相信額外的管制措施有效？

基本上，假設你確實可以喜歡與你交談的這個人（或者至少是這個人的某些方面），而且你實際上對他們要說的話感興趣，瞧！那就是你已經為討人喜歡並獲得傾聽起了一個很好的頭。

無論做什麼，都千萬別這樣做

我們現在知道什麼作法是可行的，但一如往常，在談到說服力時，瞭解什麼作法不可行也是一種智慧。

在向他人傳達你的觀點時，信用的頭號殺手就是撒謊。「撒謊」是一個在我們文化中使用頻率很高的詞語，但大部分都誤用了。撒謊並不只是做出虛假陳述。每天都有幾十種由於記憶失誤、無惡意的回憶錯誤、意外和誤解而脫口說出的虛假陳述。如果你的目標是有效溝通或說服別人，虛假陳述只是第二嚴重的事情，但並不是最嚴重的。最嚴重的是，故意做出對問題具有重要意義的虛假陳述，意圖欺騙。幾乎生活中的所有事情，人們都可以、願意、也確實會原諒，唯獨無法原諒在重要且實質性問題上故意誤導他們的行為。說謊對聽者造成揮之不去的影響，使其漸漸成為隱憂。讓我概略解釋一下尼采（Friedrich Nietzsche）的名言：**我難過的不是你騙了我，我**

難過的是我不知道將來何時才能相信你。＊撒謊與無法信任密不可分，在人際關係是如此，在商業活動也是如此，在政治上也應該如此。幾乎生活上的各個方面都是如此，撒謊是說服的殺手，所以不要撒謊。

虛假陳述沒有助益，但至少你沒有欺騙的意圖。然而，虛假的事實聲明仍會使你的真實性受到質疑，從而危及聽者對你的事實的信任。虛假陳述雖然罪不至死，但具破壞性。

如果你的工作是讓別人改變觀點，還有什麼作法不可行？

侮辱不可行。我知道你讀到這裡時不認同我的觀點，因為侮辱很常見，而且許多是你認為在商界、政治界或娛樂界成功的人會說的話。如果你的傾聽者一開始就認同你的觀點，那麼侮辱是驗證傾聽者信念的好方法。但你沒有必要去說服已經認同你的人，對吧？你曾幾何時因為別人侮辱你而重新思考自己的立場？你曾幾何時在別人侮辱你後還喜歡上對方？當我們受到侮辱，我們同時會變得有防禦性且好鬥。我們會自我辯護，想用更輕蔑的言詞來回敬對方。我們告訴自己，或許也告訴那個侮辱我們的人，「我不管你的事實是什麼，也不管你說的有多麼正確，我寧死也不會同意你剛才說的話。」我們通常會說到做到，絕不會因為受到辱罵而讓步。

老實說，我也可以講些羞辱到極致的話。如果不知道怎麼惹惱別人，你就無法踏入政壇。如果你臉皮不夠厚，不知道怎麼進行口頭上的肉搏戰，那你就無法與麥克・穆瓦尼（Mick Mulvaney）、提姆・史考特、傑森・查菲茲、林賽・葛蘭姆（Lindsey Graham）、馬可・盧比歐

（Marco Rubio）、約翰・雷克里夫等人一起用餐。

其實臉皮薄的人應該可以與提姆・史考特一起吃很多頓飯，因為就像我說的，他是政壇上名副其實最善良的人，但朋友們確實會互相找碴，我在華盛頓的友人們也經常如此。但這並不是說服（也稱不上真正的侮辱），這是一種偶爾言詞犀利點的善意嘲弄。侮辱則不同，雖然在政治和文化中很常見，但侮辱無法說服任何人。

最後，虛偽不可行，口是心非不可行，對別人說一套做一套的方式是行不通的。說服需要行動。虛偽、口是心非、相對主義和雙重標準不會帶來積極的行動。如果你的目標是進行全方位的辯論，那它們是有用的工具。遺憾的是，生活確實已提供了進行全面論證的機會，但同樣地，辯論只能激發已經認同你的人。辯論不需要很多技巧。說服需要技巧，而且是罕見的技巧，因此我們稱之為藝術。

現在，你已經學會了重視說服的藝術，並且同意並接受了瞭解你的事實、知道你的陪審團是誰、以及用適當的舉證責任校準你的目標的絕對必要性。你明白什麼是可行的基本原則（參與、親和力和真誠），也明白什麼是不可行的。基礎工作已經完成，要領知道了，底子也打好了。現在是時候採取說服的行為（藝術）本身，是時候學習和利用必要的提問，來達成你的溝通目

---

* Friedrich Nietzsche, *Beyond Good and Evil* (New York: Vintage Books, 1966), Aphorism Number 183.

標，是時候採取行動，在超越對方證據門檻，甚至是排除合理懷疑的情況下，說服那些與你交談的人。

第二部分

提問與說服的行為和藝術

第七章
證實VS.反駁

媒體第四權的關鍵問題

想像一下你人在白宮橢圓形辦公室（Oval Office）裡，桌子的一邊是自由世界的領導人，另一邊坐著媒體代表，而你是意外獲邀加入對話的人。這很可能是一生一次的機會，你一定有什麼話想說！有觀點想講！有信念想分享！那麼你會怎麼做？你有足夠的信心用問題的力量來說服別人嗎？你有足夠的自制能力忍耐不用陳述句來說服別人嗎？

二〇〇九年九月初，我在華盛頓特區參加一個關於私人法律實務問題的會議。那時候我已經不在國會，沒有理由繼續留在華盛頓特區。眾議院和參議院在八月休會後，也還沒復會，所以沒必要通知參眾兩院的朋友我人在城裡。但我知道我的前同事兼飯友麥克・穆瓦尼在特區，於是我傳了一則簡訊給他，讓他知道我在哪裡，下午三點左右搭機回南卡州，我只是想告訴他，我來過然後要走了。他回訊說：「回去機場前，過來吃頓午餐。」

我是白癡，居然在去白宮的路上就把領帶解了下來。才走進大廳，就聽到麥克喊著：「去幫特雷拿條領帶！我要帶他進去跟老闆打聲招呼。」

嗯？老闆？讓我想想。麥克是美國總統的幕僚長，他口中說的「老闆」是總統嗎？

「呃，麥克，早知道要見總統，我就先去理個髮了，」我說。

「有差嗎？」他回我：「反正是長是短看起來還不都一樣糟。」

眼看颶風「多利安」（Hurricane Dorian）即將侵襲巴哈馬群島（Bahamas），但由於一些我可能永遠無法理解的原因，各大媒體頭條報導的內容卻是總統是不是把阿拉巴馬州列入可能受風暴影響的地區。簡單來說，就是總統在推特提到可能受風暴影響的州份時將阿拉巴馬州也納入，但據當時氣象報導，阿拉巴馬州並不在風暴威脅範圍。（我姑且不談我們文化過度負面消極的一面，以及即使我們真的犯錯也不願承認錯誤的一面。）

我意外走進的會議，是川普總統和媒體代表在橢圓形辦公室進行關於公平、完整、客觀和偏見的對話，所有討論都是在需要和公認渴望建立一個強大、自由和受尊重的媒體第四權的背景下進行。

我在總統辦公桌旁邊露面還不到十秒，他就要我針對他與媒體代表討論的問題發表我的意見。

你會怎麼做？接下來你會說什麼話？這是一場重要的談話，在我們當前的政治和文化環境下必要的談話，而且肯定是一場出乎意料的談話。那天清晨，我在南卡州醒來，完全沒想過自己會出現在橢圓形辦公室裡，在颶風即將來臨之際，觀看著一場關於媒體標準和基本公平原則的對話。

從政近二十年，加上過去八年在華盛頓的經歷，塑造了我自己對媒體以及媒體如何與民選官員和其他公職人員互動的看法，我當然有自己的觀點。但我沒有說出口，而是做了我鼓勵你們去做的事：我提出一個問題，然後再提另一個問題，接著又問下一題。我問問題並不是因為我需要更多的資訊。我問問題並不是因為我不確定事實。我問問題是因為，在那一刻我確信，比起簡單以「我相信」、「我認為」或「我覺得」起頭來陳述，提問會更具說服力。

我不打算重現總統或任何媒體成員說過的話，並不是因為內容機密，也不是因為有人要我保密，更沒有人說過「在這裡發生的事情就留在這裡」。純粹是我內心的公平感認為，在這種情況下，受邀加入的賓客不該傳達私人談話。

但我可以告訴你我說了什麼。首先，我問：「為什麼我們的司法體系比我們的政治體系更受尊重？為什麼我們的司法體系有所謂的完整性規則？如果這些對我們所尊重的體系來說已經足夠，為什麼不在其它機構嘗試看看？如果我說，『麥克拿槍指著我』，但我沒說『我先拿槍指著他』這個事實，這樣公平嗎？在生活中，我們最常使用什麼工具來說明真相？」

雖然你可能不會出現在橢圓形辦公室裡，置身於美國總統和媒體成員之間一場熱烈而重要的談話之中，但你可能會介入或被帶進一場有意義且重要性的對話。

你會考慮用問題做為你的開場白嗎？如果想搜集更多的資訊，你當然會這麼做，但如果你已經過了搜集事實的階段，進入到說服階段呢？你現在對提問的力量是否足夠信任，可以從提問起頭，而不是用「讓我告訴你我的想法」起頭？因為那就是誘惑，對吧？當其他人足夠信任你，讓你加入對話或主持對話時，你就會忍不住想用智慧或真理來博得讚賞。

在橢圓形辦公室裡我想做的是，藉由將這些問題從政治環境中釐清和提煉出來，在一個備受尊重的環境下進行說服。當然，有時候演講也會起作用，但提問總是管用——尤其是當這些問題結合眼前的問題，並以你想要的方式建構這些問題時。

談到說服的藝術，你的問題只有兩個目的，這並不困難，對吧？所有問題都要有兩個目標。我們辦得到！

問題不是證實（corroborate），就是反駁（contradict）。提出的問題不是支持你自己的觀點，就是反對別人的觀點。問題傾向於在爭論中證明或駁斥觀點，問題是更加印證或是更加否定目前提出的觀點。

請注意我在橢圓形辦公室提出的問題。你真以為我是在要求媒體分析司法體系嗎？當然不是。我的觀點是，司法體系比政治或媒體更受到尊重，原因是完整性，從而帶來的公平性，深植於該體系裡——而之所以深植於體系裡，正是因為完整性和公平性相結合。我們司法體系有個完整性規則，那為什麼其他重要領域如政治和報導沒有？

以我和麥克拔槍為例（給那些需要消除疑慮的人：這不是真的，我跟麥克從來沒有拿槍或其它任何武器指著對方。不過，要是他像之前在高爾夫球比賽中與我搭檔那樣，十八洞打下來推桿數達四十三次，那我會保留修改這句話的權利）。在我的假設中，「麥克拿槍指著我」是準確的說法。在我想像的事實模式中，這種說法是正確的。簡單陳述這個事實而不提及他這樣做是出於自衛，明顯不公平。法庭上沒有字數限制，我們不需要為了符合推特的字數限制而減少證據字數。我們在法庭上沒有最後期限，也不想在法庭上出名。我們也沒有壓力去創造讓民眾點閱的頭條新聞，而且如果我們故意忽略相關的事實，在來龍去脈置入其它事實，就會受到法官和陪審團的嚴厲懲處。

這是廣泛的觀點。有良心的人都會承認，省略了像自衛時揮動武器一樣重要的事實並不公平，缺乏可信度，而且會損害省略該事實的人所擁有的客觀性。

我所提的問題，我提問的方式，都是經過深思熟慮，不露聲色地提出證實和反駁的觀點。

為什麼我們在司法體系中有一個完整性規則？因為如果公平是過程的一部分，那麼完整性是我們所有人都應該爭取的。總統提到阿拉巴馬州很可能屬實，因此可以說他有提到。但是，給讀者或聽者留下了「川普只提到阿拉巴馬州」這樣的印象，對他並不公允（他也有提到南卡州、北卡羅萊納州和喬治亞州，這些州份確實受到風暴威脅）。如果有人特別關注阿拉巴馬州，而將其它州排除在外或關注過低，那你也可以有效地質疑這個人的利益或動機。當記者講述現在被稱為颶風多利安之阿拉巴馬州爭議（Hurricane Dorian–Alabama Controversy）的故事時，也提到了其它三個州，他們遺漏了什麼事實？為什麼不陳述所有的事實？強調總統提到阿拉巴馬州，而不強調他也講了其它州，對他們有什麼好處？如果你的目標是貶低總統提到阿拉巴馬州一事，難道就不能把所有事實都說出來嗎？我的問題旨在反駁媒體所聲稱的「準確性為事實上的公平」。你可能做到準確性但不公平，但如果你追求完整性，其實會更容易達到既準確且公平。大家應該試試看。

那天下午，我不想也不願參與總統和媒體的談話過程。可是一旦參與，想要提出我認為最重要的觀點，方法就是使用精心策畫的問題來證實或反駁。你的問題應該要有重點（point），無論是公開的或隱晦的、明顯的或微妙的、細膩的或粗糙的，總之要有重點。當要說服和印證或反駁立場時，你可以掌握的兩個重點是強化或摧毀、提出或駁回、印證或反駁。

軟球問題與硬球問題

小時候，我喜愛所有的運動，尤其是棒球。跟大多數小男孩一樣，等待父親下班回家、將車子駛進車道的時光，是我最鮮明、經常想起的童年回憶之一。我後來才意識到爸爸們下班後都很累，他們其實想要換件衣服放鬆一下，再去後院投棒球（但這要等到我成為父親後才能體會）。而小時候的我，他一踏出車門，我就準備好兩人投棒球的手套和衣服之類的。

我父親可以扔出最高的高分球，我則在球的下方守著，焦急地等待球能落入我的手套。球落入我的手套好幾次，有時是落到我的頭上，雖然我父親是小兒科醫師，也明白被一顆從手套彈出來的棒球擊中額頭這種事，不可能殺得了我，但我母親不明白。所以她深情地鼓勵我，另尋新的運動，不然就在我額頭鑲上金屬片。

而我決定學習接球。我會躺在小房間，把球扔到天花板附近，在它掉下來打到我的頭之前接起來。但真正的棒球是嚴格的老師，於是我開始扔網球，被網球打到頭跟被棒球打到頭是兩回事，如果你曾經被這兩種球擊中頭部的話，就能體會球的軟硬差別。

你聽過「軟球問題」（softball question）這句話嗎？「軟球問題」指的是易回答的問題；「硬球問題」則是難以回答的問題。軟球問題可以佐證事實，例如在白宮記者會上，記者可能會問：**總統先生，你的勞動節假期過得愉快嗎？**這種就是軟球問題。

就像是求職面試時面試官問你最大的優點是什麼，這種簡單的問題旨在讓回答的人可以表明觀點或提出立場。這是一種鼓勵說服的邀請。

我們在政治辯論中都見過這種類型的問題，可能是候選人自己寫的題目。**為什麼參選？你為什麼是最有資格的候選人？這麼出色是什麼感覺？你曾厭倦完美嗎？**這些都是軟球問題，目的都是為了博取信任、證實或提出某個立場或某個人。

從銀行的角度來看，這些問題可以讓你儲存信用、信賴度或親和力帳戶。而且，正如我們所知，信用、信賴度和親和力，是說服不可或缺的三種特質。

另一種類型的問題可以反駁、削弱或質疑事實。這些都屬於硬球問題，它會從同樣的三個帳戶收回信用、信賴度或親和力。**你當州長時調了三次稅，那你說的「不加稅」是什麼意思？你什麼時候停止上班喝酒了？你的民調怎麼能夠超過〇．〇？**這些問題會削弱事實、質疑事實，而且往往對回答的人投向防禦性或負面的目光。

當你在法庭上也是一樣。你不是要求他們建立論述（證實），就是要求他們推翻論述或推翻某人（反駁）。有時候，完全相同的問題既可用來反駁，也可用來證實，這就取決於提問人背後的動機或目的，由誰提問以及什麼時候提問。

在自己的生活中，你會察覺到別人是支持你還是反對你。無論是政治問題，還是尋找一個同樣支持達拉斯牛仔隊的靈魂伴侶，在大多數談話裡，你早早就能感覺到這個人是朋友還是敵人——至少身邊的具體例子是如此。

你不僅能透過他們的問題和回答的內容來察覺，還可以從他們回答的語氣和結構來判斷。所以，跟朋友和夥伴談話時，你的目標是（希望）證實、強化事實，給予他們闡述的機會，向他們提供你問題裡包含的事實，以支持你的立場。達拉斯牛仔隊蟬聯超級盃冠軍時，你幾歲了？

哪場超級盃勝利讓吉米・強森（Jimmy Johnson）大喊：「牛仔隊怎麼樣！」？里昂・萊特（Leon Lett）快要達陣時被後方的人追上，那時候我們領先多少？這些都是友好的問題，主要說明幾個重點——達拉斯球隊很棒，然後贏得幾場超級盃，其中一次更以大比分勝過水牛城比爾（Buffalo Bills）。

假如你不是達拉斯牛仔隊的球迷呢（但願並非如此）？首先，懺悔並請求寬恕。然後，如果這招不管用，而你仍想質疑或反駁某位談論職業美式足球的人，那麼你的問題將截然不同，對吧？**上次達拉斯贏得超級盃的時候，美國獨立戰爭結束了嗎？頭盔是用皮革做的嗎？上次達拉斯贏超級盃時，皮革已經發明了嗎？**這些都不是友好的問題，說實話，我也不喜歡寫出這些問題。

愛情與監獄

有些問題可以印證、可以反駁，或兩者皆可。問題可能一樣，但意圖卻明顯不同。

索妮雅・帕貝隆（Sonya Pabellon）是湯米・帕貝隆（Tommy Pabellon）的太太。湯米・帕貝隆被指控在南卡州謀殺一名聯邦證人。當警方第一次與索妮雅・帕貝隆談論她對該事件的瞭解時，她根本不誠實，她聲稱自己什麼都不知道，什麼都沒聽到，通常也不知道別人問了她什麼。她沒有說服力，怎樣都不肯說。

沒有什麼比被聯邦執法機構逮捕更能讓人恢復記憶了。索妮雅後來因另一項毒品指控被逮捕，警方再次詢問她關於聯邦證人遭滅口的事件和她丈夫的參與。這一次她的記憶力好多了。

如果你是檢察官，而索妮雅是你案件的重要證人，你需要解決她先前的陳述（否認知情的部分），並且記得，你的目的和目標與你是試圖質疑她的辯護律師時截然不同。

身為檢察官，當你詢問在證人席上的她：「為什麼在警方第一次與妳面談時對他們撒謊？」這個問題是為了給她一個解釋的機會。這個問題為了印證她的證詞，讓她承認自己第一次確實撒謊，並解釋原因。這是為了讓她更可信，因為這個問題讓她有機會坦承第一次被面談時自己故意講錯。雖然這是必須解決的負面事實，但你問這個問題的目的是讓她顯得更可信。自願提供負面訊息通常會給自願者帶來更有利的印象。

在否認她丈夫與謀殺一名聯邦證人有任何牽連之後，在她因為自己的毒品指控而被捕之後，警方再次對索妮雅．帕貝隆進行面談。這一次，她在二度接受約談時告訴警方，她丈夫確實參與了聯邦證人的謀殺案。而當辯護律師問帕貝隆女士，為什麼她在第二次與警方面談時撒謊，並將丈夫牽扯進來，那是為了反駁她、質疑她、使她的證詞不太可能被相信。

這就是同一個問題——「妳為什麼撒謊？」——卻有兩種不同的預期和機會。

順帶一提，對於「妳為什麼撒謊？」這樣的問題，帕貝隆女士的回答近乎完美。她作證說：「在丈夫和警察之間，我選擇了我丈夫。在我和我丈夫之間，我選擇了真相。」陪審團信了她的話。最後，湯米·帕貝隆獲判有罪，目前正在聯邦監獄服四個無期徒刑，不得假釋。

人生中有無數個問問題的理由，有時候我們真的需要知道現在幾點，有時候我們真的想知道這個人喜不喜歡《英倫情人》（*The English Patient*），有時候我們真的想獲得一些知識，像是為什麼我最愛的達拉斯牛仔隊前教練傑森·賈瑞特（Jason Garrett）會比我愛我的孩子們更愛射門呢？看吧！我停不下來。最後一個問題其實並不是想要得到更多的訊息，而是為了說服賈瑞特教練在紅區*的第四檔進攻，還要一碼才能拿到第一檔的情況下放膽拼搏。

但就說服而言，問問題只有兩個目的擇一，基本上也只有這兩個目的：印證或反駁。有的是加法，有的是減法，有的是在我們珍視的帳戶儲蓄，有的是提出，有的是讓我們離目標更近，有的是阻礙和妨害別人追求目標。

好了，現在我們知道了提問的兩個**目的或目標**，就可以繼續討論二點五個類型的問題。不過別擔心，我數學不及格，記得嗎？我發誓，這大概是我們將看到最數學感的內容了。

---

* 指二十碼線至達陣區的區域範圍。

第八章
誘導性問題與非誘導性問題

二點五個達成目的的方法

歡迎來到法院！

美國聯邦證據法第六一一條：證人詰問與證據提出之方式與順序。

一、**由法院來掌控；目的如下。**法院應對詰問證人與提出證據的方式與順序有合理的控制，以做到：

甲、使訴訟程序有效進行並發現事實；

乙、避免浪費時間；

丙、保護證人免受騷擾或不適之困窘。

二、**反詰問之範圍**。反詰問應以超過主詰問之主要事項與影響證人可信性之事項為限。法院得允許對其它事項如同於主詰問中進行詰問。

三、**誘導性問題**。除非有必要發展證人證詞，否則不得於主詰問中詢問誘導性問題。但通常在以下情況法院應允許詢問誘導性問題：

甲、在反詰問時；

乙、當一方傳喚敵性證人、對方當事人或對方當事人指認的證人時。

以上是管理在法院詰問證人方式的證據法。你會注意到第三項標題是「誘導性問題」，而誘導性問題不得用於法庭上的主詰問。籠統來講，主詰問指的是你向你所傳喚的證人問話。在醫療疏失案件中，如果你是原告律師，那就是你傳喚該位控訴醫療疏失的病患。在刑事案件中，某個戴滑雪面罩的人走進銀行，將即期支票遞給當時在現場的出納員，如果你是檢察官，那就是你傳喚該位銀行出納員。這就是主詰問，通常是不允許詢問誘導性問題。

主詰問的對立面，即我們所謂的反詰問。反詰問特別受到關注，電視節目和電影鮮少出現主詰問的戲劇場景，比起證人接受自己律師的主詰問，檢察官對被告或辯護律師對受害者的反詰問更引人注意。但不要被愚弄了，主詰問是講故事的地方，主詰問是傳遞訊息的地方。而且更多時候，主詰問是案件成敗的關鍵。

在上一章我們瞭解到，提問有兩個目的：印證與反駁。在這一章我們將集中討論二點五個類型的問題——至少在涉及改變他人立場的時候是如此。生活上與溝通和說服有關的問題，主要有兩類——非誘導型和誘導型——但我們將增加（接近）第三類的類型，那「半」個就是「為什麼」問題。

非誘導性問題

非誘導性問題指的是我們在日常生活中思考問題時會想到的，這類問題通常以「誰」、「什麼」、「何時」、「哪裡」以及「如何」起頭，都是尋求資訊的問題（也是我們在主詰問過程中會使用的問題）。

現在幾點了？
辦公室最後一個人是誰？
你何時去度假的？
你把我的書放在哪裡？

重點在於答案而非問題。如果你在法庭上，身為檢察官或原告都負有舉證責任，你會問你的證人一些非誘導性的問題。非誘導性問題可以很精明、可以很有效、也可以富有啟發性，但它們並不像誘導性問題那樣暗示答案應該是什麼。

檢察官通常更出名的是對被告的反詰問，而不是對證人和受害者的主詰問，但正是這些使用非誘導性問題的主詰問，使案件更具說服力。非誘導性問題讓你可以主動積極地陳述，而不是誘導性問題的反動性質。

例如在死刑案件中，你可以使用非誘導性問題，讓陪審團體會到受害者家屬的失落感。

在你女兒遇害之前，你最後對她說的話是什麼？
你最懷念你母親什麼？
你哥哥／弟弟是什麼樣的人？
你會如何形容你姊妹和孩子的關係？她是什麼樣的母親？
如果能跟你父親講最後一次話，你想跟他講什麼？

在生活中，我們大部分時間使用的是非誘導性問題。

我們要邀請誰來用餐？
親愛的，今天你想做什麼？
我們這禮拜什麼時候去大賣場？
你那條超讚的領帶哪裡買的？
你今天在學校過得怎麼樣？

非誘導性問題有幾個好處，包含：一、你可能與你提問的對象建立更好的關係；二、由於問題的開放性，你也不太可能冒犯對方；而且，三、你讓他或她可以連續地表達自己觀點。使用非誘導性問題的壞處是，你失去一些引導談話方向的控制權。

林賽．葛蘭姆與喬．拜登（Joe Biden）的初次會面即證明了這點。

林賽講這段故事時，他剛進入參議院，並和拜登參加一個CODEL（國會代表團）。那時候葛蘭姆跟拜登並不熟，他們還要並肩鄰座飛行十四個小時。於是，在他們從安德魯空軍基地（Andrews Air Force Base）起飛時，林賽轉向拜登並開口問：「這幾天德拉瓦州的政情怎麼樣？」根據林賽的說法，一直講到飛機在巴格達（Baghdad）降落時，拜登還轉頭對他說：「我會在去飯店的計程車上講完的！」

我（有點）懷疑，拜登怎麼可能連續十四小時都在談論德拉瓦州的政治。但林賽的敘述很有趣，並充分說明了非誘導性問題的力量與侷限。你讓別人開口說話，但有時他們講很多，等到他們講完，你也忘記最初是問了什麼。

誘導性問題

我對國會聽證會感到最大的失望之一是人為的時間限制，預期議員或證人在這段時間內取得重大進展。你能想像在生活中的其它面向裡，有個你認為很重要且往往很複雜的議題，而你卻限制它只能討論五分鐘嗎？這就是為什麼在國會，幾乎從未見過聽證會上使用非誘導性問題。原因不在於這些問題無效，而是因為這個五分鐘的時間限制，阻礙了任何人有效表達觀點的能力。

當你時常擔心時間不夠，或者擔心證人花太久的時間回答一個問題，而你還有三個問題想問的時候，你幾乎只能被迫使用誘導性問題來加快過程。

因此，你在國會聽證會、在法庭的反詰問過程，以及在電視談話節目中經常看到的是誘導性問題。這些誘導性問題會暗示答案，把焦點放在提問者的身上，而不是回答者的身上，這些問題也往往更咄咄逼人。

「我不是講了六次叫你打掃房間了嗎？」

「你昨晚遲到一個半小時，是嗎？」

「你是不是喝了最後一杯咖啡就再也泡不出來了？」

「你今天上班遲到不是事實嗎？」

在談話節目的語境裡，很遺憾是像這樣進行的：你投票反對XYZ項目提供額外資助——**你真的那麼討厭小孩嗎？**又或者**國務院裡面有很多深層國家**（deep state）*** 勢力，一心想扳倒這個政府，對吧？**

這類都是誘導性問題，它們基本上是陳述一個主張，讓你選擇是否同意這個主張。這類問題的設計是為了限制別人、強迫別人承認某個事實，或者不情願地對某個觀點讓步。發問者完全掌控著局面，這類誘導型問題幾乎本質上都具有爭辯性。在法庭上，這類問題是留待對證人的反詰問使用，或者以防你傳喚的證人充滿敵對、不願合作、甚至是太害怕而無法作證的情況，所以你基本上是透過陳述一個事實來代替他們作證，然後問：**是這樣嗎？**

當你試圖幫助一個正在掙扎的證人，誘導性問題也是很有幫助。

這本書與政治無關，也不是在告訴你應該相信什麼，但我的提問經驗，從而關於使用問題的

* 譯註：非經民選產生，由政府官僚、公務員、軍事工業等聯邦官僚機構組成。

說明，必然是來自法庭、國會或者我自己的生活。

我之所以這樣說，是因為我不希望你們把注意力擺在我舉例的問題或答案本身。歡迎各位對任何政治問題提出任何意見！如果我本人喜歡政治，當初就不會離開政治圈。我會採用國會調查或聽證會的例子，並不是因為我喜歡政治，而是因為在國會待了八年的時間，我得以向一些知名的、聰明的、有見識的人提問，例如國務卿希拉蕊、前國防部長里昂・潘內達（Leon Panetta）、前中央情報局局長大衛・裴卓斯（David Petraeus）、前聯邦調查局局長詹姆・柯米（James Comey）、參議員伊莉莎白・華倫、前司法部長艾瑞克・霍德（Eric Holder）、賈德・庫許納（Jared Kushner）、司法部督察長邁克爾・霍洛維茲（Michael Horowitz）、薩曼莎・鮑爾（Samantha Power）、班・羅茲（Ben Rhodes）以及蘇珊・萊斯（Susan Rice）。在鏡頭之外，我有機會拜訪世界級搖滾天團U2主唱波諾（Bono），並問他問題；或是像保羅・克里門（Paul Clement）這樣才華洋溢的法律界人士；以及我從事公職以來最艱難的一天，那天議長約翰・貝納請我和他一起會見在桑迪胡克小學（Sandy Hook Elementary School）血案中遇害兒童的父母親。

在我提供的例子裡，有些人會認同我的問題，有些人不會。有些人會支持回答問題的人，有些人不會。這些都與我無關，即便你有你的政治構想，利用問題來證明你的論點也是無關緊要。但我只能用我的經驗來證明我的觀點，還請各位海涵。

我在眾議院常設情報特別委員會任職期間，曾被要求約談幾十名證人，他們涉及俄羅斯干預美國大選、遭指控與俄羅斯政府勾結，以及與美國政府回應有關的問題。這些證人之一是前司法部長傑夫・塞申斯（Jeff Sessions），其中一個調查範圍是小唐納・川普（Donald Trump, Jr.）與羅伯・高德史東（Rob Goldstone）之間，關於二〇一六年六月在川普大樓（Trump Tower）安排會面的那一系列如今眾人皆知的電郵。

傑夫・塞申斯當然是精明能幹的人，沒有能力是當不上美國檢察官、美國參議員、美國司法部長的。但出於種種原因，那場約談對他來說將會很辛苦。而與法庭或公開訪談不同的是，沒有我國人民組成的陪審團在現場，以確保問題的公平性與程序的合理性。那麼，你會怎麼做？當時必然有一些非常困難的題目需要解決，比方說他對俄羅斯調查的迴避、對當時候選人川普的支持，以及他在參議院司法委員會聽證會的證詞。在這次約談中，你會怎麼處理這些問題？這次約談主要與俄羅斯調查有關，所以會強調羅伯・高德史東與小唐納・川普之間的電郵。

以下是系列電郵的第一封，也是產生最多問題的一封：

二〇一六年六月三日上午十點三十六分，羅伯・高德史東寫給小唐納・川普：

早安

艾明（Emin）剛打電話來，要我跟你說件非常有意思的事。

今天早上俄羅斯皇家檢察官（The Crown prosecutor of Russia）跟他的父親阿瑞斯（Aras）見面，並在會面中提到願意提供川普競選團隊一些官方文件和資訊，內容將顯示希拉蕊及其與俄羅斯的交涉有罪，這對你父親非常有用。

這些顯然是相當高層且敏感的資訊，但也是俄羅斯及其政府支持川普先生的一部分——在阿瑞斯與艾明的協助下。

你認為怎麼處理這些資訊最好？你能直接跟艾明談談嗎？

我也可以把這份資訊透過羅娜（Rhona）寄給你父親，但因為極度敏感，所以我想先寄給你。

祝好

羅伯・高德史東

我決定對司法部長塞申斯使用誘導性問題，不是因為他沒辦法回答非誘導性問題，而是因為要提出某些重點，然後這些重點最好使用誘導性問題。我不是因為任何時間限制的關係才使用誘導性問題，這些訪談與國會聽證會不同，並沒有時間限制。但我確實覺得有必要引導調查方向，並以特定次序來強調某些事情，而這部分誘導性問題更可能比非誘導性問題還來得有效。

很明顯，一開始你會強調沒有俄羅斯皇家檢察官的事實，對吧？雖然這並不表示這封郵件的其餘部分根本存在瑕疵，但我們從前面的章節中清楚地記得，事實錯誤的確會削弱後面內容的可靠性。接著，當然，你會記得這封郵件無異於一封通知信。我的意思是，眾議院民主黨人會用這封郵件來表明參與者完全知情，所以參與者會注意到，這次會面談的不是關於領養俄羅斯兒童的問題（根據小唐納・川普發表的聲明），而是從俄羅斯律師那裡搜集有關國務卿柯林頓的消息。你無法迴避這項事實，所以你必須直接地面對它。

面對司法部長塞申斯，你要做的是從這封郵件中找出最致命的一段話，然後使用誘導性問題來直接對質，這段話就是：「提供川普競選團隊一些官方文件和資訊，內容將顯示希拉蕊及其與俄羅斯的交涉有罪，這對你父親非常有用。」

以下對話雖然不是確切的文字紀錄，但這些都是我想問的、在某些情況下確實問過、或者事後覺得我當時應該問的內容。

「國務卿柯林頓曾經是第一夫人、美國參議員和國務卿，對嗎？」

「其中兩項工作一定會有文件產生，也許三項工作都會，對吧？」

「那些文件應該是官方文件，對嗎？」

「郵件上寫著『官方文件和資訊』，對嗎？」

「不是個人資訊，對吧？」

「沒有提到電子郵件和個人資訊，對嗎？」

「如果是官方文件，那就是已經公開的，不是嗎？」

「『官方』這個詞既可以修飾『文件』，也可以修飾『資訊』，對嗎？」

「所以，問題是不是指，有人主動提供她在美國政府工作或代表美國政府工作時的官方資訊？就是這個問題嗎？」

「官方就是已經正式公開了，不是嗎？」

「身為參議員，她有『與俄羅斯交涉』的經驗，對嗎？」

「可能會有，對吧？」

「擔任國務卿期間，肯定曾與俄羅斯交涉，對嗎？」

「所以，俄羅斯人自願告訴我們，在她正式成為我們對俄國的大使期間，她與俄羅斯之間的官方交涉是什麼嗎？」

「我們早就知道了，不是嗎？」

「讓我確定一下我沒弄錯。即使我們已經有了這些資訊，俄羅斯人還是主動要向我們提供『她與俄羅斯交涉的官方資訊』？」

「所以說，俄羅斯人要提供一份關於正在競選總統的公眾人物的已公開官方資訊，而這在某程度上比俄羅斯人提供一份關於也在競選總統的素人的個人資訊更重要嗎？」

這些都是誘導性問題。身為律師、立法者、父母、孩子或同事，你必須處理你所擁有的事實。這些事實是，電郵確實存在，必須進行探索。最好的探索方法是對前司法部長塞申斯使用誘導性問題，以某種方式引導他，並將答案和意涵鑲入問題裡。這就是誘導性問題的本質，給予答案，並強調那些是重要的，同時讓證人只能同意。

為什麼的複雜性

我們用小喬治・羅斯・安德森法官的名字，替我們的女兒命名為艾碧嘉・安德森・高迪。她最後可能會成為跟他一樣優秀的法學家，而她也確實像他一樣，天生就會與那些不幸的人、沒有權勢和影響力的人站在同一邊。

我們最近討論有關自然災害的後果與人類的反應，並且特別討論到搶劫。有些人認為，為了食物和水等生活必需品而進行掠奪是可以接受的，就像是一個隱含的社會契約：「現在先拿著這個，因為沒有收銀員來收錢，我們等緊急情況過去後再結帳。」，其稱為尚萬強（Jean Valjean）辯護。

也有人像我一樣，更傾向認為竊盜罪不會因為自然災害而不構成犯罪行為，而是應該根據事實從輕量刑。換句話說，偷竊就是偷竊，但我們接受別人為什麼做某件事的動機，然後我們會相對地調整罪責，但不會改變對或錯的尺度。

以下的問題，如同幾乎所有問題最後都會演變的那樣，變成一個「為什麼」問題。

為什麼偷東西？

為什麼殺人？

為什麼說謊？

一方面「為什麼」是世界上最重要的問題。「為什麼」可以將一起殺人罪從謀殺減輕為自衛；「為什麼」可以減輕必要之惡的謊言，以逃避更糟糕的後果；「為什麼」在許多情況下既是最重要的問題，也是最不重要的問題，全部取決於實際情況和具體事實。如果你因為某人打鼾太大聲而殺了他，那麼回答「為什麼」問題根本無法減輕錯誤，反而可能加重刑罰。如果你因為某人即將對孩童施展暴力而殺了他，那麼犯罪行為不但可能減輕，還會讓我們更喜歡你。由此可見，「為什麼」問題確實很重要，從人性角度來看也很重要。

我們同時具有渴望被理解和渴望解釋的天性。我們總是以為，如果我們可以講出自己的觀點，世界就會變得完全不同。加上人類天性好奇，如果我們聽說有一對夫妻現在分居，那麼我們會問些什麼？我們會問，**為什麼？發生什麼事了？誰做了什麼事？**

在生活中確實如此，當我們走進法庭、會議室、參加家長會或感恩節大餐時，也不會輕易放掉日常生活的習慣。

在謀殺案中，「為什麼」問題幾乎都不重要，除非是自衛殺人。除了自我防衛、必要性、正當理由或意外事故之外，沒有任何法律上可接受的殺人辯護。但你大可放心，「為什麼」是陪審團的成員個人和集體心中的第一個問題，人人都想知道事情發生的原因，大家想知道你為什麼這樣做，人們想知道你為什麼相信你所信仰的東西。

在內華達州拉斯維加斯爆發可怕的大規模殺人事件後，我在電視上被問到此次槍擊案的可能動機。坦白說，我必須思考要不要回答這個問題，因為在某些情況下，我對動機的看法與我的同事不同。動機是「為什麼」的另一種說法。我幾乎沒有花時間去思考動機或「為什麼」。畢竟，在戶外音樂會上有計畫地射殺無辜的陌生人，還有什麼可能的解釋能提出來辯解的呢？如果我給你所有的人性當作可能的解釋，怎樣的解釋才能讓你說出：「好的，現在我明白了。謝謝你的說明。」

沒有任何解釋是法律上或社會上所接受的。在某些方面，當我們試圖理解「為什麼」時，對於墮落行徑是一種幫倒忙的行為，因為沒有「為什麼」可以充分解釋這種行徑。因此，我不太花時間去思考「為什麼」，而會花更多時間去思考如何防範，不管有沒有「為什麼」。但無可否認，我是屬於少數人。即便沒有任何適當的答案，我國絕大多數人民真的想要一個解釋，他們真的想知道一個動機，因此他們真的想知道「為什麼」。

在談到說服方面，「為什麼」是一個危險的問題，其充滿各種陷阱、承諾和可能性。從反面來看，你失去控制。你在邀請與你對話的人來主導接下來的互動。想想看，當你問一個孩子為什麼他或她在考試或測驗中表現不佳，接下來會發生什麼？雖然答案可能是「嗯，我沒有準備好」，但這種比較少見。更有可能出現的答案是從發現火或陸地分裂講起的故事，然後再納入這個孩子自出生以來發生的所有事情，包括他們為了滿足你的期望所承受的全部壓力，以及十三歲孩子的生活是多麼具有挑戰性，講到最後你甚至後悔問了「為什麼」。你可能會失去對談話的控制，或者孩子可能丟給你一個蹩腳的解釋，而實際上他或她是丟給你十幾個後續問題來幫助你證明自己的觀點。你不知道接下來會發生什麼事，因此問「為什麼」是有風險的。只不過這是我們最想知道的！所以，這是希望與陷阱的混和物，我們無法控制自己，所以忍不住開口問：

你為什麼把車撞壞？

你為什麼不打掃房間？

你為什麼不幫我做工作上的簡報？

為什麼我們每年感恩節都要看牛仔隊開打？（因為每年感恩節都有比賽，這就是為什麼！）但為什麼每年感恩節都有？

或者我最喜歡的高爾夫球友所說的：你為什麼要用那支球桿打？（笨蛋，因為我認為那是對的球桿啊！不然我為什麼會用？）

在問「為什麼」的時候，你必須在掉入失控的陷阱與可能出現非常多的後續問題之間找到平衡。問「為什麼」有時會導致回答的人承認自己帶有偏見、對你討論的結果存在利害關係，或者缺乏事實依據。

如果有任何「為什麼」問題的答案是「因為有人告訴我」，那麼你就有現成的後續問題：問對方「如何」或「為什麼」知道他們聲稱知道的事情。如果「為什麼」問題的答案是因為「那是我一直以來所相信的」，那麼你就有現成的後續問題來質疑那些早期的信念，以及可能告知或指示他們的東西。

在談到你的說服工具箱和推翻反對自己的論點時，讓我想起最有力的工具，那就是質疑。如果處理不當，質疑是致命的缺陷，會讓你的說服意圖變得更加困難。但如果你能完美地善用質疑的藝術，你就能成為說服達人。

第九章
有技巧的質疑

信用殺手

質疑在憲法程序上稱為彈劾，指的是可以將總統、副總統或文官免職，日後不得再任公職。這相當於政治上的死刑，不是被革職，就是被免職且終生禁止擔任公職。不想讓你失望，但我們這裡要談的並非這種類型的質疑。

這裡要談的是另一種質疑，也涵蓋在憲法正當程序（due process）的普遍概念裡，更具體來說是第六修正案（Sixth Amendment），想成為一名有效的溝通者和說服者，你需要精通這種類型的質疑。

你可以把這種類型的質疑看成是打擊信譽，把這種質疑視為削弱、減少、與某論點相互矛盾，而不是印證論點。把這種彈劾想像成，那些讓你不太可能相信別人之後說的話的任何事情。

來做個練習。

閉上眼睛，想一想。想看看什麼事情會讓你比較可能相信別人。我們在本書前面討論過許多特質，例如獲取事實、信賴度、親和力以及真實性，還有其它特質，有些可能是你獨有的，你覺得什麼特質讓別人更真實？

當我還是新上任的檢察官時，辦公室內的資深檢察官會告誡我每天都要刮鬍子。我父親給了我一把電動刮鬍刀，讓我帶去辦公室，這樣整天都可以刮鬍子。為什麼？因為老一輩人認為（基於我始終無法理解的理由）：鬍鬚和信譽不能同時並存。也許是因為尼克森與甘迺迪的那場辯論，我聽到別人武斷表示，由於尼克森滿臉鬍渣（five-o'clock shadow），所以人們認為他不值得信任。雖然在我們這一輩人聽來十分可笑，但相信我，我已經聽過無數次：臉上有鬍子等於欠缺信賴感。

不過，肯定還有一些怪癖和細微差別，會讓你相信或不相信別人所言為真。什麼會讓你覺得這個人不太可靠或不太可信？什麼會讓你更容易相信與你講話的對象？肢體語言？眼神交流？眼球游移不定？停頓很久，眼睛往上飄到一邊？沉默？話說太多？或是以這類句型「我真的不該說這些，但是……，跟你實話實說吧……」開頭。

你覺得不可信的地方可能對我有不同的影響，反之亦然。但這部分仍值得花時間來思考，一般來說，什麼會讓你更容易或更不容易相信這個人，然後反過來說，你做了什麼（或沒做什麼）會影響別人對你的信賴感。

信用殺手到處都有，可能是缺乏經驗、專業知識、或者難以獲取事實（某人沒有參加晚宴，卻對晚宴大加讚賞）；可能是缺乏誠信，無論是有意或無意的（說晚宴在四月三十一日舉行，但四月其實沒有三十一日）；可能是聲譽不佳，以前有過不誠實、詐騙、欺騙等行為、或任何道德敗壞的行徑或犯罪（如果某人偷過一支銀叉，我們會更容易相信這個人也會在晚宴上偷同樣的東西）。可能是偏見、利益或動機。如果有人推薦你購買他們刀具公司生產的一組刀具，你會相信他的推薦嗎？你可能會相信，但他們的說服責任將會更高，因為你知道他們有向你推銷產品的經濟動機。雖然這並不表示說服責任難以攻克，但很可能意味著說服他人的難度將更加嚴格。

想像一下，有位母親在她兒子的搶劫案中出席作證，而你必須交叉詰問（反詰問）這位母親。*

你當然會先找出事實。搶案發生時，兒子和母親在一起嗎？案發時她人在現場嗎？或者，她為她兒子提供了不在場證明嗎？這些問題都涉及我們上面討論的內容，透過問答的機會得以觀察

---

* 事實上，你沒必要交叉詰問對方傳喚的每一位證人。而且你越是擅長說服和溝通，你就越能意識到什麼該回應、什麼該反應、什麼該忽略。但為了舉這個例子，我們假設你中了圈套，然後交叉詰問被告的母親。

或感受任何可能意義重大的事實。如果她只是一位品性普通的證人，然後作證表示她最親愛的兒子絕不可能犯下搶劫案呢？你會怎麼質疑她？你肯定會點出她們之間的關係，但你會不會更進一步，甚或往更遠的方面質疑？

老套的情節會這樣進行，檢察官以典型的誘導性問句說：「被告是妳兒子，難道不是嗎？難道妳不愛妳的孩子嗎？妳會為妳兒子撒謊，難道不會嗎？」（她當然會，若連媽媽都不幫你說謊，那誰會幫呢，對吧？）但這位母親作證說：「我當然會幫我兒子撒謊，但我很開心在這個案件裡我不必說謊。」

家人或關係緊密的成員，都屬於有偏見、動機、關係或對結果有利害關係的範疇。這並不表示你無法或不會說實話，但你在這個問題上確實會受到檢視，也就是意味著，你必須更有說服力，以克服因關係、利益或動機而產生的殘存懷疑（residual doubt）。

以上就是我們檢視質疑的整體架構。值得重申的是：欲削弱意見與你相左之人的論點，最好的方法就是質疑，而當別人試圖削弱或反駁你自己的論點時，質疑也是你必須注意的事情之一。在實踐上，質疑一般分成三類：質疑**事實**、質疑**首要原則**或**結論**、質疑**對方本人**。

質疑事實

想像一下，社會安全法官在百分之九十的情況會駁回福利聽證官的裁決。你沒看錯：負責審理社會安全案件的行政法法官（administrative law judge, ALJ），百分之九十會駁回聽證官的裁決。用外行人的話來解釋，在一百個上訴案件中，行政法官表示在事實認定層面聽取案件的人，有九十次是錯的。若不是你有個激進的行政法法官，就是聽證官不是很聰明。但是，百分之九十的駁回率，並不是受人尊敬的司法或行政體系所應該爭取的基礎。

結果，我們在國會舉行了聽證會，其中一名證人是有百分之九十機率駁回聽證官初步裁決的法官。

我必須承認，我為該次聽證會做的準備，遠不及先前為其它聽證會所做的準備。事實上，我根本沒有準備。我當時是四個委員會的議員，而且在我看來，比國會其他人擔任的還多。由於行程安排有衝突，我原本沒打算參加聽證會，但主席希望我參加，所以我就去聽了。

那次我聽到的內容，讓我明白了為什麼一名法官的駁回率這麼高。他說：「在客服中心工作的女性，有百分之百的都受過虐待。」他說：「小時候被板子打過的女孩長大後會有性問題」，因為打會「激起」某些東西。我對他的認識程度還不足以質疑他這個人，即使質疑他並不是那麼困難。所以，在這裡選擇質疑事實。

誰告訴你在客服中心工作的女性都受過虐待？

哪位證人證實了這件事？

你依據哪份學術論文？

誰告訴你被板子打過的年輕女孩會導致以後的性問題？

誰告訴你這種作法會「激起」她們的某些東西？

證據從哪來？

有沒有做過任何研究？

從那位證人在聽證會的證詞內瞭解到，他喜歡編造故事。他認為如此，所以就那樣判決。他沒有為自己提出有效的辯護，這段過程有影片證據可以證明（你可以自己看看）。他之所以在百分之九十的情況下都駁回了社會安全補助領取的否決案件，是因為他希望補助領取者能勝訴。這些與證據、或提交給他看的東西毫無關係，他要的是特定結果；因此，他會不顧一切地達成這項目標。雖然你可以攻擊對方本人，但這樣一來也可能讓事情變得一團糟。所以更安全的作法是攻擊他決定時所依據的事實，而這些事實包含他的那些有關客服中心和打屁股的瘋狂想法。

質疑事實是大多數刑事審判的目的。你要對證人看到、聽到或感受到事發經過的能力進行交叉詰問，你要對警察在確保犯罪現場安全、處理犯罪現場以及將證據送交司法鑑定時所採取的步驟進行交叉詰問。這部分和對某個人進行交叉詰問並不同。你承認這個人是好人或出於善意之人，儘管如此還是有錯。當你在質疑別人時，你的目的是讓聽者不相信這個人。相反地，當你在質疑事實時，你希望陪審團認為這個人只是失誤，甚至是無意犯下的。記著：證明別人在某件事上是錯的，比證明別人是慣性說謊者要容易得多。我曾經在審判中提醒自己，我所起訴的每個被告，無論其犯行多麼令人髮指或惡毒，在作證過程中至少會如實回答一個問題。有時候只是簡單回答一個問題：你叫什麼名字？壞人會說實話，好人也會說謊。

當你和家人朋友交談時，很難質疑對方。因為質疑具有敵對性，會破壞情誼。沒有人喜歡被指責有動機、有偏見、對結果有利害關係或不誠實。做出這樣的指責真的不容易，所以與其把注意力放在講話的人身上，不如把注意力擺在事實上面。

我很幸運擁有三位妹妹：蘿拉、卡洛琳和伊莉莎白。她們都是充滿愛心、優秀的人，我媽媽一定會因為我寫了這些而感到非常開心與自豪！

我們之間的相處幾乎都很融洽，很大程度是因為她們關注政治而我沒有，所以她們問我問題時，我可以推說不知情。

但有時候你不得不對你所愛之人進行交叉詰問，哪怕是自己家人提出來的事實也得質疑一番。

妹妹：媽生日想要Roku電視盒。

我：媽才不知道Roku是什麼，她以為那是星際大戰裡面的角色。妳怎麼知道媽想要什麼生日禮物？

妹妹：你多打電話給她，你就會知道她想要Roku電視盒，這樣她就能看Netflix了。

我：要打多少次電話給媽才知道不需要買Roku來看Netflix？

妹妹：她覺得她需要。

我：在妳說服她而她不要之後，她說她想要什麼生日禮物？

妹妹：她想要Roku當作生日禮物

我：妳知道妳還需要加購Netflix帳號，不是嗎？

妹妹：（沉默）

我：妳確定她想看哪些節目了嗎？Hulu電視或亞馬遜Prime可能比較好，對吧？

妹妹：（暫停）她想要一台Roku。

我：那麼我幫她在電腦上訂閱Netflix，再給她一個我以前的Roku遙控器，但它已經壞了，這樣就皆大歡喜了，如何？

妹妹：（掛電話嘟嘟嘟）

質疑事實很棘手，關鍵在於把注意力集中在事實上面，而不是採取人身攻擊。很多時候，當事情在事實方面進展緩慢，因為你不能表達自己觀點時，我們就會重新回到個人問題方面。問「你怎麼知道」通常是安全牌，不是嗎？這是一般的問題，不會針對個人。

接著你可以檢視或質疑別人是如何知道的。如果是道聽塗說，或者資訊是從別人那裡搜集來的，那就是你的質疑路線。告訴你的人怎麼知道是真的？如果是傳聞，你必須謹慎，但是只發生一次的事情並不會成為趨勢。有這方面的研究嗎？研究來自有聲譽的來源嗎？「我從一個可靠來源聽到的。」誰？這樣我才知道消息來源有多可靠。許多觀點或信念被充當成事實，對於某人的個人信念或觀點進行交叉詰問或質疑，很難不演變成對個人的質疑。關鍵是要讓你的交叉詰問以事實為中心，而不是人身攻擊，並且永遠不要停止詢問這些事實的來源和可靠性。

你怎麼知道的？

你知識的侷限性到哪裡？（你瞭解到什麼程度？）

這些是哲學家會問的問題。我們不是哲學家，但我們應該努力找出自己的方式，來問這兩個至關重要的問題。

質疑結論

第二類質疑，是質疑你的反對者試圖用那些事實所得出的結論。就好像你承認這個人是可信的，事實也是可靠的，但你仍然得出完全不同的結論，於是你試圖質疑對方得出的結論。

我曾與眾議員華金・卡斯楚（Joaquin Castro）在國會共事過，尤其是在眾議院情報委員會的時候。我們在政治上的意見不太一致，但在俄羅斯調查期間，他是個和藹可親、準備充分、民主黨籍的有效提問者。我並不認識他哥哥朱利安（Julian），只知道他以前曾是德州聖安東尼奧市長、歐巴馬總統時期的住宅與都會發展部（Department of Housing and Urban Development, HUD）部長和總統候選人之一。他亦曾在眾議院司法委員會關於移民問題的聽證會上擔任證人，移民問題涉及公民身分的取得途徑、參議院的移民法案、童年抵達者暫緩驅逐辦法（Deferred Action for Childhood Arrivals, DACA），以及怎麼對待未滿法定年齡被帶到美國的孩童。站在民主黨角度的討論重點是：「為一千四百萬名有抱負的美國人提供取得公民的途徑」。這是民主黨陣營的主題，強調追夢人（Dreamers）在學術、軍事和其它方面達到的成就，並以此推論，替所有非法移民爭取公民身分。

我對於小組參與成員不夠瞭解，無法質疑他們個人，也不會有效果。而且他們所說的部分事實是正確的。這裡有很多懷抱美國夢的畢業生代表，有許多追夢人在軍隊裡為我國效力，有些追夢人除了美國不知道其它國家、除了英文不會說其它語言，若是他們的身分在這裡受到威脅，也沒有地方可以「回去」。

我不同意的是他們試圖得出的結論：因為一千四百萬人當中有一些人已經達成巨大的成就，就必然意味著所有一千四百萬人都應該走上成為公民的道路。只有在華盛頓政治界，才會有人認為任何族群的一千四百萬人都是同質性的人，然後都能通過移民的背景調查。只有在華盛頓政治界，才會有人把一個一歲就被帶來這個國家並在這裡生活的人，拿來與一個六個月前僅十五歲就跨越邊境的人相提並論，並一視同仁。這樣的結論不符合邏輯。在談到政治方面，以下這個結論就非常符合：替共和黨人塑造冷酷無情的形象，因為共和黨堅稱所有「一千四百萬有抱負的美國人」的處境都不一樣。

你不會想要攻擊證人，因此你可以刪除對此人的質疑。因為質疑他沒有任何意義，對於證明你的觀點也沒有必要。你也沒有質疑這項事實：沒錯，在一千四百萬非法移民中，許多人已經達到或將要達到重大成就。恰恰相反，你質疑的是卡斯楚部長和其它人得出的結論：因為一些人達到成就，所以全部一千四百萬人都應該受惠。證人的立意良善，我甚至不必挑剔他的事實。但我不同意結論，所以我將質疑證人所得出的結論。

當你要求別人提供他們依據的事實和他們訴求的事情之間的因果關係或關聯時，你就是在質疑結論，而不是質疑對方或基本事實。

質疑對方本人

我把最好的、最困難的質疑類型留到最後，因為質疑本人對旁觀者來說是最具娛樂性的。這種質疑涉及私人，可能是人身攻擊（ad hominem），最接近肉搏戰的戰鬥。如果操作正確，將對你的對手造成毀滅性打擊。如果操作錯誤，則會對你想要實現的目標造成毀滅性打擊。

彼得．史卓克（Peter Strzok）是聯邦調查局的探員。史卓克探員於二〇一六年受指派進行兩項重大調查：調查時任國務卿希拉蕊．柯林頓對於機密文件是否處理不當，和俄羅斯是否干預二〇一六年美國大選，答案若是的話，是否有任何與唐納．川普競選活動有關的人與任何俄羅斯國家行為者密謀、串通或合作？

後來，史卓克探員在眾議院司法委員會和監督暨改革政府委員會召開的聯席會議上公開作證。我既是上面兩個委員會的議員，也是後者的主席。暫時把你可能見過的公開聽證會拋諸腦後吧。在公開聽證會之前有一份史卓克探員的私下證詞，而我想將焦點放在那份私人證詞上面。

我想私下帶你們一窺史卓克探員那天的證詞，還有他擔任證人時我提出的質疑。無可否認，質疑史卓克探員的時候，有很多工作要做。

史卓克探員在一份文件檔內寫道，國務卿柯林頓應該以一億比零的優勢擊敗當時的候選人川普。這部分說明了什麼質疑原則？偏見？與結果有利害關係？

史卓克寫道，他在維吉尼亞的沃爾瑪都能聞到川普支持者的氣味。

史卓克保證川普不會當選總統。他答應會阻止川普當選。

史卓克討論了川普在「不太可能」的情況下贏得大選的「保險政策」。

史卓克想要參與俄羅斯調查，是因為該調查可能會讓川普被彈劾，但他平常對於處理其它國家試圖破壞參與式民主原則的案件不太感興趣。

特別檢察官（Special Counsel）羅伯特・穆勒（Robert Mueller）在得知上述文檔內容之後，立即將史卓克調離開穆勒調查團隊。

這些都是質疑彼得・史卓克這個人的素材。你告訴我，這些會不會降低基本調查的可靠性？對於前洛杉磯警察局（LAPD）警探馬克・福爾曼（Mark Fuhrman）本人的質疑，是否被拿來削弱或破壞檢方在調查整個OJ辛普森雙屍謀殺案方面的可信度？如果馬克・福爾曼講話帶有種族歧視的字眼，那是否必然意味著OJ辛普森並沒有謀殺兩人？前後兩者在邏輯上似乎沒有關聯。

我的意思是，福爾曼可能講出種族歧視的話，而OJ辛普森謀殺了羅恩・高德曼（Ron Goldman）和妮可・布朗（Nicole Brown）。但馬克・福爾曼作為證人時，被告及其辯護律師絞盡腦汁試圖質疑他，這樣陪審團就不太可能相信他說過的話，或是從調查角度對他參與的其它事情產生懷疑。

在理論上，史卓克可能對川普有偏見、俄羅斯可能干預二〇一六年美國大選、川普競選團隊也可能有人與他們合作，以上三種說法並不互斥。但是，讓一個帶有偏見、與結果有利害關係、其動機與川普競選成功背道而馳的人擔任主要的調查人員，外界很可能且經常會對這位有偏見、利害關係、消極動機的調查人員所做的其它決定產生懷疑。

正如美國最高法院在美國訴艾貝爾（*U.S. v. Abel*）一案中所認定的那樣：

> 「偏見」是「普通法證據」（common law of evidence）中使用的一個術語，用以描述當事人與證人之間的關係，這種關係可能導致證人在無意識或其它狀況下，讓證詞傾向對當事人有利或不利之情形。
>
> 偏見可能是由證人對當事人的喜歡、厭惡或懼怕當事人，或是由證人的自身利益所引起的。偏見的檢驗幾乎總是意義重大，因為陪審團作為事實的發現者和可信度的衡量者，在歷史上一直有權評估所有可能影響證人證詞準確性與真實性的證據。「普通法證據」允許透過外來證據顯示偏見，同時要求交叉詰問者以不太受歡迎的質疑形式*「聽取證人的回答」。

偏見相當普遍，而且幾乎無法克服。當你進行理性之爭的對象存在偏見時，你應該在事實允許的合理範圍內，盡量多花時間來突顯這種偏見。

這是對一個人的質疑，會使你試圖說服的對象不太可能相信這個人的客觀性和中立性，甚至可能造成後續影響，發展成為更大範圍的調查。探員史卓克的辯護並不是說他沒有偏見。他的辯護理由是，縱使他有偏見，但他的偏見事實上沒有傷害對方或影響他的調查。換句話說，他的偏見沒有任何作用。當你進行說服工作時，這種說法並不是很好的辯護理由。

遺憾的是，我認為史卓克的偏見並沒有影響到多少人看待他的調查工作或他身為探員的可信度。這是我對美國政治可悲現狀的反思，這在我們文化的其它方面也樹立了一個危險的前例。如果現在是被存有偏見的目標對象負有舉證責任，他們須證明這種偏見確實對他或她的公平權產生負面影響，那麼我們社會將陷於難以理解的處境。

正如我們在本書前面所討論的，說服需要一個思想開放的陪審團，但很遺憾，在我們現代政治環境裡很少見。然而，政治圈以外的「陪審團」往往更公正，質疑本人能夠達到廣泛影響，這是典型最有效的質疑方式。

眾議員坐在彼得．史卓克的對面，問他關於他所做的聲明和決定。他們問他說「川普會破壞穩定」是什麼意思。他們直接質問史卓克他說的川普將是一個「天殺的災難」是什麼意思。

---

* 參考文獻：McCormick on Evidence, supra, 40, at 89; Hale, "Bias as Affecting Credibility," Hastings Journal 1 (Fall 1949): 1.
亦可參見：http://cdn.loc.gov/service/ll/usrep/usrep469/usrep469045/usrep469045.pdf.

但情況並非總是如此。

有時候你要質疑的人甚至不在同一個房間，所以你的目標必須源自於問題本身。有時候你需要第三方來影響你對手的可信度，我稱之為**搭便車**（**hitchhiking**）：利用別人帶你去你想去的地方。雖然不是直接質問，但同樣有效，而且可能效果更好，因為你要質疑的人，或者你要削弱他可信度的人並不在場，無法提供任何解釋。

所以各位，收拾好行囊，準備搭便車囉！

第十章
教你怎麼「搭便車」——順水推舟

柯米的同意

二〇一六年七月五日，聯邦調查局局長詹姆·柯米在新聞記者會上向全世界宣布了一項消息。他在那場記者會上宣布，任何理性的檢察官都不會以機密文件處理不當的罪名起訴國務卿柯林頓，接著繼續列舉出理性的人可能不會同意其結論的所有理由。這種情形是破天荒頭一次，上演了一齣引人入勝的戲劇，但在我看來，它對司法體系造成了嚴重損害。執法機構代表並不會宣布起訴決定，檢察官才會。執法機構代表也不會召開新聞記者會，向大眾公布不利於未遭起訴或面臨指控調查當事人的證據。美國司法部檢核長（Department of Justice Inspector General）已經針對柯米處理柯林頓調查的方式進行審查，並提出相關報告。柯米本人也就此問題詳盡地撰寫過和發表了許多意見。關於他如何處理調查、不起訴決定以及後來於二〇一六年十月重啟調查，你可以自由地形塑自己的觀點。

在二〇一六年七月五日新聞記者會之後，柯米被傳喚到眾議院監督暨改革政府委員會作證。你會問他什麼？你覺得陪審團會是誰？你的目標會是什麼？如果你是國務卿柯林頓的支持者，你會質疑柯米嗎？如果你不是國務卿柯林頓的支持者，你將如何利用在全國電視面前與聯邦調查局局長談話的五分鐘時間？

我不會假裝自己很瞭解詹姆．柯米。我在他身邊待過六次，訊問過他六次，還看過他在其它場合上作證與發言。這些並不能讓一個人成為另一個人的專家，但如果將來你要訊問別人，這些會是很有價值的資訊。

柯米相當聰明，也很精明。他知道自己有所言與有所不言的力量，表現出自己置身於政治紛爭之外的樣子（或者至少過去是如此）。他曾是紐約南區檢察官，在司法部本部（Main Justice）工作過，也在私人公司待過，最後經提名並獲准擔任聯邦調查局局長。

那麼，面對一個資歷豐富的前檢察官和執法機構官員，你如何將所有因素都納入你的訊問範圍？請注意幾個重要因素。首先，我會就一項柯米比我更瞭解的調查（至少二〇一六年七月那個調查就是）來向他提問。其次，這次聽證會將在全國各地進行電視轉播，因此廣泛的社會大眾將成為本案的陪審團。

我和我的幾位前同事圍成一團，共同想出一套在多場聽證會面前提問的策略：傑森・查菲茲、吉姆・喬丹（Jim Jordan）、馬克・梅杜斯（Mark Meadows）和我會根據我們的背景、個性及關注領域，確保由合適的人進行正確的提問。

就這樣，舞台已經布置好了。柯米剛剛召開了一場爆炸性的新聞記者會，他要來眾議院作證，而你有五分鐘的時間來探討每一個你想探討的要點。我決定問柯米關於他說在柯林頓調查裡面所缺乏的那一項東西——起訴案件所需的犯罪意圖（mens rea）或主觀惡意（scienter）要件。犯罪意圖或主觀惡意是指，將一種行為轉變成犯行所必需的知識或意圖。

我必須趕緊在五分鐘內把所有問題都塞進去。當你提問的是深奧的法律概念時，在某程度上你將受到回答者的牽制。關於犯罪意圖和主觀惡意，現在已經有很多冗長的法庭意見書。這些法律概念並不適合作為誘導性問題，非檢察機關的社會大眾也不會每天談論這些用語。就算是對於法官和檢察官而言，要在五分鐘內解釋清楚一般意圖和特定意圖的差別也很困難。而且一般來說，很難在一場交談中同時進行教育與倡導。我的意思是，教育與改變路線需要時間、精力以及聽者的耐心。想一想。對我來說，這是一項艱鉅的任務，既要解釋什麼是傳聞證據（hearsay evidence），又要說服你這些資訊應不應該被採納。學習一些東西需要精力，提倡不同的選項也會消耗精力。所以根據我的經驗，在同一場交談中很難就一個主題同時進行教育與倡導。要是你可以拆成兩個獨立任務會比較好。我認為自己無法在短短五分鐘內成功地向聽眾解釋什麼是犯罪知識、什麼是犯罪意圖、以及它們為什麼會出現。不過儘管如此，缺乏意圖或知識（順便說一下，兩者不一樣），也就是柯米之前說在本案件中找不到的東西，這部分需要進行探討。

所以，這些就是我準備要做的事情。我把問題寫了又寫，試圖預測他可能會怎麼答覆。由於他將為不起訴決定進行辯護，所以，他必然認為這些元素是欠缺的，但他也不得不承認，她的一些行為符合罪咎意識（consciousness of guilt）。決定刪除郵件可能是證據；決定委外銷毀某些裝置可能是證據；她沒有幫自己的電郵往來申請許可和採取加密的決定可能是證據；她虛假的免責聲明可能也是有意圖的證據。

追查這些問題線索會很困難，但必須這麼做。據柯米所說，這是他決定不起訴的關鍵。

在聽證會那天早上，我做了我在重大聽證會前總是會做的事——什麼事也不做。我就坐在辦公室裡面，讓聽證會在我的腦海裡運轉一遍。**假設他這樣說，我就那樣反駁。假如他打開這個通道，我就用那個問題來重新引導他**。但我仍有一股心煩不已的感覺，那就是我正採取法律途徑來解決一個顯然與法律無關的問題。雖然我並不贊成這種「法律判決應該總是簡單明瞭，在法律上的決定」說法，這現在這個已經演變成另一種東西。而在你進行說服的藝術之前，我告訴過你要運用的那些原則，我自己也需要運用。

誰是陪審團？

我的目標是什麼？

為了證明我的目標，我需要達到什麼程度的舉證責任？

什麼事實能讓我在分配到的五分鐘之內達成目的？

有時候，陪審團、客觀性和舉證責任這些準則是不斷演變的。在國會聽證會、法庭和現實生活中都是如此。

當我坐在聽證會場裡，聽證會即將開始之際，陪審團，至少在我看來，有所改變了。他們不再是那種思想開明、客觀中立的聽眾，公正地努力將法律原則應用於所披露的事實。這裡的陪審團——如同在現代政治環境中日益轉變的那樣——由兩派人馬組成，而且只有兩派：贊成派與反對派。

在美國還有任何人對於希拉蕊·柯林頓是否該被起訴而猶豫不決的？如果陪審團是由一群在無法上網的裸體主義殖民地休假一年的法學教授所組成，那我的問題就是好問題。但這個國家真的還有人關心犯罪意圖、主觀惡意、知識與特定意圖嗎？

如果陪審團改變了，目標也會跟著改變嗎？起初渴望去檢驗和調查從錯誤／意外／單純疏忽，到粗心／犯罪的必要意圖和知識，但到後來不情願地承認，國務卿柯林頓的支持者並不關心這些，她的反對者可能也不在乎。然而在我說「不在乎」的時候，其實支持者和反對者都在乎結果，但可以說他們不太在乎分析過程。這就是從以過程為中心的司法體系轉向以結果為中心的政治體系的困難所在。在司法體系，過程和結果一樣重要。畢竟這是一個證據受限制的體系，即使找到了相關且關鍵的證據。在司法體系中，即使你非常確信自己找到了犯罪兇手，招認供詞也不採納的——因為在司法體系中，程序是相當重要的。我國司法體系的權威與獨特之處在於，進行的方式與得到的結果同等重要，結果不能證明手段的正當性。我國司法體系不僅要求以正確的罪名逮捕正確的嫌犯，而且要求必須以正確的方式去執行。俗話說，寧可縱放九十九位有罪的人，也不要誤判一位無辜的人。

唉，但是這裡並不是司法體系。這裡是政治，不管你喜不喜歡（或同不同意），結果就是至上。在政治體系中，沒有關於正當過程和程序的書籍。這只是一場選舉，作為選民的我們有義務使用和執行我們自己的規則手冊。

關於柯米提到「任何理性的檢察官都不會起訴這個案子」的言論，基本上確保了即便有理性的檢察官不同意他的觀點，也永遠無法成功提起訴訟。「任何理性的檢察官都不會」這句話說出口就無法收回了。

現在需要制定全新的目標，因為有了一個全新的陪審團。最起碼，我必須坦承，我希望面對的那種陪審團並不存在。

在當時擔任主席的傑森．查菲茲發表開場白期間，我不得不重新調整我的五分鐘問題。原本我準備的問題，在整個會場的哲學家面前、甚至在努力做出正確決定的公正陪審團面前，都會表現得很好。但那並不是我當下的處境。我花了很長的時間才意識到這個明顯的現實，但我至少有兩分鐘的時間，將問題轉變成利用別人來質疑某人——或者用我的話來說，就是**搭便車**。於是，我開始在一張紙上瘋狂亂塗，所有提前做的準備工作都毫無價值。這裡將是利用一個人來質疑另一個人——利用柯米來質疑柯林頓。

以下我將簡化他的回答，但會力求捕捉陪審團所聽到的精隨。你應該完整地觀看整場交談，自己再判斷我的摘要是否公正和準確。

我：國務卿柯林頓說她從來沒有透過私人郵件發送或接收過任何機密訊息，這是真的嗎？

柯米：不是。

我：國務卿柯林頓說她的郵件沒有歸類為機密的標示，這是真的嗎？

柯米：不是。

我：國務卿柯林頓說「我沒有把任何機密資料傳送給我郵件裡的任何人。這裡沒有機密資料。」這是真的嗎？

柯米：不是。

我：國務卿柯林頓說她只使用單一裝置，這是真的嗎？

柯米：不是。

我：國務卿柯林頓說所有與工作有關的郵件都回傳給國務院，這是真的嗎？

柯米：不是。

我：國務卿柯林頓說她和其他人都沒有從她的個人電郵帳戶刪除與工作有關的郵件。這是真的嗎？

柯米：不是。

我：國務卿柯林頓說她的律師仔細審閱了每一封郵件。她的律師是否個別審閱了郵件內容？

柯米：不是。

如前所示，利用別人——或更確切地說，利用別的事情——來削弱你想質疑的對象的可信度，不給信譽遭受攻擊的人留有一絲辯護或解釋的機會。在這則案例中，我知道詹姆·柯米不會因國務卿柯林頓沒有想起某些事實而為她辯護，而且我知道他會斷定她可以在其它時候自我辯護，或推斷她在首次被問時可以做出對的選擇。但柯米不打算為柯林頓的回答進行任何辯護，他只是要詳述情況。

隨著時間流逝，這個目標從討論起訴所需的必要元素，演變到討論希拉蕊·柯林頓誠不誠實。陪審團有兩個部分：一、需要一些事情扭轉局面的共和黨人，因為不會有正式的刑事訴訟程序；二、思想開放的美國人，他們也許喜歡國務卿柯林頓的政策，但不確定她可不可靠。這就是質疑（至少應該算是）如此具有破壞性的地方——這個人以前沒有說真話，將來可能也不太會。換句話說，你喜歡她的政策很好，但有鑒於過去不誠實的情況，你有多大把握相信她說的話呢？

我從來沒有說過她撒謊。我只是利用她的話，來問負責調查的人她是否誠實。另外，我把問題的答案置於問題本身。不誠實的例子可能關係重大，但並不是決定性的。可是一層又一層的謊言——尤其是在一個容易被真相扭曲的問題上——確實可能對所有聽眾產生影響。

聲譽與觀點

運用搭便車作法的質疑威力強大，但這種情況也不是很常見。通常，在生活上可信度遭質疑的人就在現場，他／她會提高嗓門，然後站出來為自己辯護。不過，當你藉由他人來質疑別人時，你所質疑的對象無法糾正、解釋或減少信譽損害。搭便車情況可能發生的場合——即法庭、國會聽證會、或信譽有問題的人不在場的對話——都有一套獨特的規則，而這套規則在家庭聚會區或辦公室休息室裡是找不到的。但這個概念依然存在且滲透。

搭便車概念對柯米和柯林頓有效，對於另一個政治陣營也起作用。

總統川普每天都在接受媒體的事實查核。實際上，有些媒體一直不斷地報導他們認為是虛假的事情。這種作法的預期效果就像對國務卿柯林頓那樣：讓人對這個人所說的話充滿懷疑。

這就是為什麼尼采這段話的解讀總在我腦海裡迴盪，因為它如此真實地反映出人性。**我難過的不是你騙了我，我難過的是我不知道將來何時才能相信你**。總而言之，這就是搭便車與質疑的破壞性。

質疑的威力與破壞性在我們日常生活中更加普遍。人們目前對國會的政治人物和法庭上的律師可能懷抱較低的期望，但我們對家人和朋友則抱持很高的期望。不誠實會造成在很多事情上都缺乏信任感，你從這個可能不值得信任的人那裡聽來的每件事幾乎都會受到影響。

關於人性和無法依賴他人話語對於我們內在的影響方面，尼采的觀察力細微。友誼、婚姻和商業關係之所以破裂，都是因為起初的微小謊言，最終使人對更大的真相產生懷疑。**如果你會在小事上撒謊，那在大事上會不會也撒謊？**

謊言就像偵破一起謀殺案所需的一根毛髮，或是考古學家發現用來重塑臉型的一顆牙齒。一個小小的謊言就能毀掉整個聲譽，影響大多數人的觀點。這就是為什麼瞭解「透過搭便車方式質疑他人」的兩個「表親」非常重要：以聲譽質疑和以觀點質疑。**聲譽**（Reputation）是你知道別人對某人的看法。**觀點**（Opinion）是你對某人的看法。觀點不像事實那樣有說服力，但它們在現實生活中扮演著重要角色（在法庭則是次要角色）。

你有沒有注意到，人們在沒有與本人接觸過的情況下，是如何對某個電影明星的性格產生想法？也許只是根據一個單獨的行為、一個錯誤的描述、或者一份帶有偏見的小報文章，就從遠處形成了整個假設。受人愛戴的名人很可能僅因為別人宣稱的性格，而在一瞬間失寵。這是整個聲譽的核心，而負面名聲會醞釀我們個人的觀點（儘管有時毫無根據）。

在歌手、演員或政治人物爆發醜聞後不久，我們許多人都被問過對他們這些人的看法，或是對這些幾乎不認識的人的印象——但如果對象是那些我們確實認識的人呢？這時候，風險就會變得更大。對於我們所認識之人的真實性或可信度，大多數人都有一個誠實的觀點，也許有一天，當你的夥伴遭到質疑攻擊時，就會有人要你表達這方面的觀點。你可能會發現，自己身處於一場關於某人是否誠實、是否瞭解事實、或是否得出正確結論的談話之中。你甚至可以選擇將別人的觀點帶入談話裡面，因為這有助於你在溝通過程中進行說服、辯護和轉移方向。

真正的搭便車是利用證人，以事實和親身經歷來支持或削弱另一個人的聲譽。這種作法效力強大，但也很罕見。儘管如此，你應該注意這麼做為何會產生強大效果，以及質疑別人的美妙之處：剝奪對方自我辯護的機會，同時把自己更大的目標嵌入問題本身。

在柯米和柯林頓的案例中，你得到的只是一連串「不是」的回答，但這對於被質疑者的聲譽卻產生毀滅性的累積效應。

那天我的陪審團是全體公眾，而且陪審團聽到了關於柯林頓的真實情況：

「不是」
「不是」
「不是」
「不是」
「不是」
「不是」
「不是」

對於創造聲譽、觀點形成具有強大的效果。

當問題是「你相信別人告訴你的話嗎？」一個簡單的「不」就很引人注意，那麼想像一連串「不」的威力。想像一下，不停說「不」的威力；想像一下，讓聽者或觀察者對自己回答「不」的效果，因為他們已經受到預設心態的制約。我們父母要我們複誦九九乘法表一千五百萬次是有原因的；我們知道自己最愛歌曲的歌詞是有原因的；我們不需要筆記小卡就能唸出效忠宣誓的誓詞是有原因的；我們無法忘記空服員的安全警告是有原因的。重複強調了那些不斷複誦、值得我們注意的資訊。

由此讓我想起我下一個工具，你值得一試的說服手段：那就是重複的力量。

第十一章
重複、重複、再重複

七次法則

由於種種原因，我對大學時代的許多事情都記不得了，但我仍牢記我兄弟會成員們按照字母順序排列的名字。為什麼？因為我在兄弟會資深成員們的要求下不得不重複了無數次。如果他們要我重複我在歷史或心理學課堂上所學，或許我在那些試驗中會表現得更好，不過我很快地按順序認識了入會成員的名字。

我們在自己重複自己的話時會自然地感到多餘冗贅，然後為此抱歉。有時候，我們甚至會在一句話或一個故事的開頭前加上「如果我之前跟你說過了，請阻止我」。但是多餘和重複不僅能讓資訊牢牢地印在聽者的腦海裡，也意味著「這件事很重要，所以我要說三遍」。

在政治上，有句老話說：你必須至少接觸選民七次，他們才會投票給你。在法庭上，如果有個觀點很重要，那麼每個有能力表達這個觀點的證人都會提出。如果問題是辨識銀行搶劫犯，而現場有五位銀行出納員，你會讓這五位裡面的哪幾位來出庭指認搶劫犯？聰明的話，五位都會。

在所有行業和機構都是如此。在廣告界，他們也有七次法則（Rule of Seven）和「有效接觸頻率」（Effective Frequency）術語，用於描述買家在廣告引起回應之前必須接觸的次數，無論買家的回應是購買商品或只是記住訊息。

而且這招很管用。以下這些廣告詞聽起來耳熟能詳嗎？

「滴滴香濃，意猶未盡」（麥斯威爾咖啡 Maxwell House）

「撲通！撲通！嘶嘶！嘶嘶！呼，疼痛都紓解了！」（我可舒適發泡錠 Alka Seltzer）

「交託在手，放心無憂。」（加拿大 Allstate 保險公司）

「十五分鐘讓你在汽車保險上省下百分之十五或更多。」（汽車保險業者 GEICO 公司）

這些廣告詞不只是良好的行銷文案，而且是完全重複，其中一些廣告已經流傳了幾十年，並不是因為他們要節省行銷團隊的資金，而是因為他們知道，一個人反覆聽到某件事就會建立起熟悉感、真實性和信任。你最好敢打賭，我那個在小學一年級當老師的太太，會讓小朋友們一遍又一遍地背誦單字。

重複與說服有關，重複不僅能將資訊烙印在聽者的腦海裡面，而且會留下「這個資訊很重要」的印象，因此值得記住和重視。

九次法則

蓋瑞．凡納特（Gary Vannatter）被指控殺害了他的分居妻子弗里達．梅．凡納特（Freda Mae Vannatter）。弗里達．梅已經搬出他們的婚姻住所，並申請到禁制令，一邊找工作一邊計畫與蓋瑞離婚。一九九九年十月一日，她預約了做頭髮，晚點還有個工作面試。但她都沒去成，因為後來她的屍體被人發現在斯帕坦堡郡一輛掉入水溝裡的汽車內，身上有著多處刀傷。

對於這些事發經過，蓋瑞．凡納特講述了一套不尋常的故事情節，但由於弗里達．梅已經死了，無法提供她關於自己遇害的說法，所以我們必須處理蓋瑞的故事，然後質疑他。出於某些不合邏輯的原因，蓋瑞替自己辯護作證。

我們來做個實驗。我會告訴你他的說法是什麼，同時你可以思考你會如何交叉詰問或質疑他的證詞。

根據蓋瑞的說詞，當時他開著車，行駛在某條路上，凡納特太太也在同一條路上獨自駕駛一輛汽車。他們相遇之後停在路邊。蓋瑞作證說，他妻子提出跟他性行為的要求，但他拒絕了，接著對方就拿刀威脅他，除非他重新考慮。是的，你沒有看錯。一位丈夫拒絕了妻子的性提議，然後妻子拿武器來恐嚇他就範。

別以為故事到這裡就結束了——他的故事還沒講完。

蓋瑞．凡納特說，他妻子上了他的車，並提出解除禁制令，如果他能載她回他們之前的婚姻居所，她就會打電話給警察，然後終止禁制令。接下來他知道的，是弗里達．梅抓著方向盤，試圖把車開進水溝裡。蓋瑞設法要讓車子停下來，但正當他這麼做時，根據他在法庭上的證詞，弗里達．梅拔出一把刀，揚言要殺他。隨後她一腳踩下油門，車又開動了，他試著反擊她，然後「接下來我知道的就是，我刺了她一刀」。

「法務官，接下來交叉詰問證人。陪審團的女士先生們，請注意檢察官的發言。」

現在怎麼辦？

你會怎麼問？為什麼？

陪審團清楚明白：坐在你旁邊陪審團座位上的十二名男女，都在等著聽你接下來要說什麼。

你的目標是什麼？你不能強調她在打鬥方面的事實真相，因為她已經死了，沒有什麼有關打鬥的真相。雖然很有可能出現另一種與事實矛盾的說法，但她無法提供這樣的版本。

你必須說服你的陪審團——排除合理的懷疑——並且根據事實來質疑他本人，對吧？

他聲稱這是自衛——起因於兩個人之間的一場打鬥：女方掏出刀，他予以反擊，最後女方死了。以上就是他說法的基本內容。對你而言有利的是，她最後得到的是屍體解剖和棺材，他最後連個OK繃都沒貼，不過這些是結論。這是你在終結辯論時該向陪審團陳述的部分，但現在處於交叉詰問階段，你的目標是什麼？你要透過什麼方式來實現這個目標？

檢察官：凡納特先生，你第一次刺在你妻子身上的什麼地方？

被告：我不記得了

檢察官：拜託，凡納特先生，你可以記得你妻子揮手攔你下來，向你提出性服務要求，儘管她已經對你申請禁制令、離開了你、要與你離婚，而且準備去面試的路上，但你卻不記得你第一次刺在她身上的什麼地方？想想看，凡納特先生，刺在哪裡？

被告：我想是在她手臂吧。

檢察官：而且車內只有一把刀，你拿著刀，你可以完全掌控那把刀，但你沒有把刀丟出窗外，而是拿刀刺她手臂，對嗎？

被告：（無應答）

檢察官：你第一次刺你妻子時她說了什麼？

被告：沒有。

檢察官：你想讓陪審團相信你用刀刺一個女人的手臂，她卻什麼話也沒說，沒有任何反應，凡納特先生，她有沒有說過像「住手」、「你為什麼刺我」、「很痛」、「我不敢相信你居然刺我」之類的話？什麼都沒說？

被告：沒有。

檢察官：那第二次刺的時候呢？凡納特先生，你第二次刺在你妻子身上的什麼地方？

被告：我不記得了，事情發生得太快。

檢察官：但你似乎對於她曾向你求歡的事情記得非常清楚。你不記得第二次刺在她身上什麼地方嗎？

被告：不記得。

檢察官：她有要求你停止嗎？你第二次刺她時她說了什麼？

被告：沒有。

檢察官：那你第三次刺她的時候呢？

被告：（無應答）

檢察官：凡納特先生，你在她心臟位置刺了兩次。你用刀刺她心臟的時候她肯定說些什麼吧？她說了什麼？

這就是重複，看似乏味且多餘，答案似乎都沒有改變，但答案並不是我們在重複時所要關注的東西。我們把注意力集中在這個問題上面，我們正慢慢地、煞費苦心地透過九處刀傷，包含兩處刺穿心臟，逐步達到目標。

你永遠別想讓蓋瑞．凡納特承認他殺了他的妻子，那是不可能的事，你也不需要他的承認。他不是陪審團，他對於事實的判斷如何也無關緊要。你要的是陪審團慢慢地透過九處不同的刀傷感到難受，然後難以相信一個被刀襲擊的受害者居然什麼話也沒說。

那你第四次刺她的時候呢？

那你第五次刺她的時候呢？

那你第六次刺她的時候呢？

那你第七次刺她的時候呢？

那你第八次刺她的時候呢？

那你第九次刺她的時候呢？

實際上，你是在準備你的總結（summation）、你的終結辯論、你最後一次對陪審團說話時的高潮。當一個人最後以屍體解剖告別人生，另一個人連傷口都沒有的時候，這種並不是出於自我防衛，更不用說有人被刀刺了卻毫無反應這種簡直難以置信的事情。當我們做了一些比較無害的事情，例如用紙割傷自己時，我們接下來會有什麼動作？我們都這樣做過，不是嗎？當我們被紙割出一個小傷口時，就會把手伸回來，放在我們身邊，可能還補一句與教會無關的字眼，並發誓再也不要這樣做了。我們不可能毫無反應地坐在那裡，然後再受八次的傷害。

重複是將最重要的事實一次又一次地烙印在聽者的腦海中，挑選正確的事實來留下深刻印象是說服藝術的一部分。在凡納特案件中，你可以抓住她離開他的事實，你可以把重點擺在她申請禁制令的事實，你也可以說明她正在前往面試的途中。

我第二偏好的選擇是強調一個可笑、難以置信的說法：妻子會在路邊揮手把丈夫攔下車，然後要求對他進行性行為——或者更可笑、更難相信的是，丈夫居然會拒絕這項提議。有幾位執法官員在審判結束後問我，為什麼我不重複這個問題？問得好。其實有兩個原因：一、不管我有沒有提醒陪審團，他們都不會忘記他證詞裡的這個部分，更重要的是，二、該問題與本案的指控並沒有不可分割性。但刺傷就有，我想讓他詳細地描述這九處刀傷的每一處，因為我不僅想讓陪審團盡可能聽到最多次「當你刺你妻子的時候」這句話，我也讓他聽聽這些字眼。因為重複的力量強大，也許，只是也許，他會從這些字眼中感受到點什麼。

不斷表達自己的觀點

我們人類的意識對於重複有著本能反應。我們聽到的次數越多，就越可能記住。聽到的次數越多，我們就會認為這個事實越重要。

與之矛盾的是，不喜歡重複是人性的一部分。我們不會一個早上對同一個人說六次早安。我們可能會一直希望他們的一天能有好的開始，但我們不會重複地說出口。這樣的重複讓人不舒服、沒有感情、令人毛骨悚然。

我們也不會持續不休地提出相同觀點。大多數人不喜歡看到別人受折磨，所以一旦清楚表達了自己的觀點，我們就會撤下先發球員（pull the starters）、單膝跪地（take a knee）、停止傳球*，試圖在不讓對方難堪的情況下消耗剩餘的時間。

然而，也有少數罕見的人會在已經獲勝的情況下，更努力地趁勝追擊。

與川普總統、麥克．穆瓦尼和林賽．葛蘭姆一起打高爾夫的時候，我見識到其中一位少數罕見的人。我跟麥克、林賽打過很多次高爾夫，如果是在打比賽，我們當然會想獲勝，但我們主要是想玩得開心。麥克和我在揮桿方面會互相幫忙，即使我們是對手。如果比賽出現一面倒的情

---

* 美式足球（橄欖球）用語，在賽事領先或落後的情況下，球隊停止進攻、消耗時間或保留實力的策略。

況，林賽也會迅速調整比賽。川普總統本來應該能成為一名優秀的檢察官，因為他充分運用了持續不休、不留情面的重複技巧。

川普總統和我是隊友，與麥克和林賽對戰。我跟總統在比賽中早早領先，隨後領先的優勢越來越大。在轉彎處，我們領先了六個洞。只打九個洞就領先了很多。我們轉個彎，吃了一些小點心，便直奔第十個球台打後面九個洞。總統倚靠在高爾夫球車上，我以為他會說「嘿，我們後面再讓他們幾桿吧」，我以為他會說「我們贏了前九洞，我們拆開另起一局新比賽吧」。但我錯了，他說的是：「看看我們能不能阻止他們贏球。」

這就是重複在溝通與說服方面的作用，它能發現對方犯下的錯誤，然後持續不留情地逼他們承認。

「太蠢了」

喬納森．葛魯柏（Jonathan Gruber）是畢業於哈佛大學和麻省理工學院的經濟學家，外界普遍認為他是麻州醫療照護計畫，以及後來的平價醫療法案（Affordable Care Act）或稱歐巴馬健保（Obamacare）的幕後智囊。麻省理工學院沒有愚蠢的教授，所以我在國會委員會聽證會上質詢時，不可能問他關於醫療保險、保費支援或經濟的問題。我反而要問他一些大家都知道的事情，也就是他在錄音時說的話，然後我要問他一個只有他能回答的問題，也就是他表達的意思。有時候，即使是聰明絕頂的麻省理工學院教授也會說出一些偏激無禮的話，葛魯柏就是犯下這樣的錯。

談到醫改法案是如何通過、為何以這種方式通過時，我引用葛魯柏的說法，「美國人太愚蠢了，不懂其中的區別」。對於那些從小就不會說「愚蠢」這個詞的讀者，你應該直接跳到下一章，因為他在提到「美國選民的愚蠢」時又用了這個詞。

哇噢！如果他只說一次，那也就夠了，但他說了兩次，等於是為我接下來要做的事大開方便之門。雖然美國公眾已經透過可靠消息聽到他講了兩次，但如果你的目標是要質疑他，你就會想讓同樣的陪審團聽過一遍又一遍，聽了又聽。

所以，如果是你在質詢葛魯柏，你會在你的問題中提到多少次「愚蠢」這個字眼？如果你相信重複的威力，你會提到很多很多次。

你可能會問：

- 「愚蠢」是什麼意思？
- 怎樣才是「太愚蠢」？
- 「愚蠢」也有程度之分嗎？有些是在可接受的範圍，而有些則是「太愚蠢」嗎？

- 所有美國人都「太愚蠢」了嗎？
- 你怎麼知道美國人有哪些是「愚蠢」、哪些是「太愚蠢」？
- 你使用哪個智商測驗來判定哪些美國人是「太愚蠢」？
- 史丹佛—比奈智力測驗（Stanford-Binet test）能證明「愚蠢」嗎？或是魏氏智力測驗（Wechsler test）比較好？

我沒有充分利用重複的工具在葛魯柏教授的身上。我確實在這方面問了他很多問題，但他還說了比如讚揚立法缺乏透明度之類的事，更吸引聽眾的目光，因此需要留點時間。但如果國會聽證會沒有五分鐘的人為時間限制，我可能還在問葛魯柏教授，他所說的「太愚蠢」是什麼意思。

如果你有一手好牌，那麼重複就會有用。而當你用詞錯誤或講出思慮不周的話，就應該一直打黑桃，直到沒牌為止。

第十二章
注意你的措辭

收回你的話吧！承認失言

聽說過化學安全及危害調查委員會（Chemical Safety and Hazard Investigation Board, CSB）的人不多，我本來也是屬於「人不多」當中的幸運兒，但遺憾的是，那時擔任眾議院監督暨改革政府委員會主席的傑森·查菲茲聽說過，並認為召開一次關於該委員會工作情況的聽證會是個好主意——但事情不如想像中美好。

令我永遠懊惱的是，他還以為讓我參加那場聽證會很重要。那是二〇一五年，我正在華盛頓特區的辦公室裡專心忙著自己事的時候，查菲茲主席來電說：「我需要你馬上跑過來質詢這位證人。」

「傑森，那你為什麼不去質詢？」

他回：「因為你比較會質詢。」

好樣的傑森！他知道奉承能讓人在生活上幾乎無往不利，也知道在那個特殊日子裡，楊百翰大學（Brigham Young University）的前踢球員（placekicker）會需要檢察官的協助*。

那場聽證會在探討時任化學安全及危害調查委員會主席使用私人電郵的問題，我所知道的只有他先前接受質詢時說過的幾句話：

二〇一四年六月查菲茲主席問你，「你是否曾使用個人電子郵件處理公務或官方往來？」而你的回答是：「是的，因為無知。」

假設是你代替我在國會講臺上發言，現在應該是質疑對方本人與質疑事實的混合情況，而且你應該知道，最好且最安全的方法是使用提問，而不是指控或陳述性語句。

你也許會問：「你無知的原因是什麼？」然後你也許可以提出一系列關於所有資訊與資料來源的問題，透過清楚地說明什麼可以做、什麼不可以做，來降低員工的「無知」。你也許可以問他是否查閱過任何手冊或培訓手冊，以便從中瞭解什麼可以做、什麼不可以做。

他回答你「無知」這個詞。

是他說的，不是你說的。讓他自己承認這個詞。

我就是這麼做的。當我問他無知的原因時，他回答，「嗯，我進入該機關後發現這是常態作法……。」

「有誰具體告訴你是這樣的？」我問道。

他使用了一種在大多數情況下我都不建議使用的字眼：「每個人」，意思就是：「我的理解是每個人都使用電子郵件。」

有些字詞過於空泛，無法進行有效且準確的溝通。「每個人」即是空泛字詞。它假定你認識每個人，然後瞭解每個人的電子郵件使用狀況——但這是公認辦不到的事。另一個例子是「總是」這個字詞。在「總是」的定義和同義詞中，有「一貫地」、「每次」、「一直」、「無一例外」。「總是」這個字詞迫使用它的人排除掉其它所有選擇，而那是不可能的。它要求你辨識、分析並刪除每一個選項，這是重大的、顯眼的警示信號。

接著，這位證人試圖將使用私人電郵處理公務的次數降到最低，聲稱它是在任期「開始」之前這麼做的。嘿，答案不是「每個人」或「總是」，變得更具體一點了，很好！

不過，這樣你要讓他為「開始」下個定義，因為你非常清楚他使用私人電郵的時間有多久，

＊譯註：查菲茲之前是楊百翰大學的首發踢球員。

而十八個月與「開始」之前的定義並不相符。

當他發現他使用私人電郵的實際時間，是在自己定義的擔任該委員主席任期「開始」之後，證人才承認自己搞錯了，然後說：「很可能是吧。」

天啊！「很可能」和「是」不太會同時使用，對吧？除了提出萬無一失的問題，什麼都不做，這樣你就能讓證人承認自己的話，承認自己對於這些話的解釋，承認他的行為與他的解釋並不相符的事實。除了問問題什麼都別做。

現在，我們稍早已經瞭解到「為什麼」這個詞的力量、可能性和陷阱，沒有什麼問題比「為什麼」這個詞能讓你更快失去對敘事的控制。但是，當你把它跟自己的方向感結合時，問「為什麼」具有最強大的威力。換句話說，如果沒有好的解釋，問「為什麼」最有力。因為即使有些事情無法解釋，人類的本性也會試圖解釋。人類天生就具有想知道為什麼跟解釋為什麼的本性。當你把人類想聽到解釋的渴望與想提供解釋的渴望結合起來，而且除了某人自己的錯誤或不當行為之外沒有其它解釋時，「為什麼」問題具有毀滅性的威力。

面對這位化學安全委員會主席可以這樣問：

「為什麼你說你任期開始時就停止使用私人電郵，但實際上你還繼續使用了十八個月？」

「為什麼大家都沒做過，你卻說『每個人都這樣做』？」

「你在作證後這件事仍維持六個月，為什麼你要作證說已經沒有這樣做了？」

在這次交談中，有幾個關鍵的教訓值得注意：

一、當你利用對方的話來提問時，那是非常難以攻破的問題。

二、當你是證人（或一般情況下）時，不要使用「每個人」、「沒有人」、「總是」、「從不」或「每次」之類的空泛字詞。

三、留意那些空泛字詞，那些就是有助於提問的警示信號！

四、澄清術語是經典的問題，幾乎可以用在任何論點或有說服力的談話。（「你說的『開始』是什麼意思？」）

五、當你刻意且謹慎地使用——尤其是在要求對方解釋無法解釋的事情時，「為什麼」可能是最重要、最有力的字詞。

簡單來說，用字遣詞很重要。我並不指望你們去讀字典，就像我父親要我讀的那樣，儘管那樣會花費很多時間而有助於你對文字和其精確含義的熱愛。不過，我確實希望並鼓勵你們愛上用詞的精準性。使用精準的詞彙是有效溝通的必要條件。有些詞彙容易使人接受，可以適度地推進你想要表達的內容，有些詞彙可以完美地詮釋你的觀點，也有很多虛無飄渺、雜亂無章的詞彙，讓你無法推進論點。當你在陳述自己觀點時，無論是在餐桌上、在工作休息區裡、或是開車時與另一半辯論，都要留意自己的用詞，並注意別人使用的字眼找尋開口機會。

空泛的字詞與委婉的字詞

正如我們學到的，有些詞彙太過空泛，無法進行有效且精準的溝通。

當有人說「你總是在我說話的時候打斷我」，你可以選擇解釋你剛剛第N次中斷他人談話的好處（雖然打斷別人講話不好，但一直講下去也不好），或是你也可以選擇緊抓著「總是」這個字眼。你一定會在生活、工作或休閒中遇到像這樣的一個人，他們會緊抓著這個字眼問你，並讓你偏離內心真正想要達成的目標。

只要說「你在我說話的時候打斷我」不是更好嗎？使用這種誇張的方式辯論有什麼好處？誇張在一般的溝通中，特別是說服的時候，能夠發揮一定的作用。但這種誇張肯定是刻意營造，並非無心說出。而且必須要是——故意誇大其辭——有意製造出的幽默和荒誕。原本那句話裡面的「總是」二字讓你產生什麼想法？你其實並沒有做個歷史性調查來檢視你們往來期間與對方的所有談話，你想表達的不過是「別打斷我！」但「總是」除了讓人感到質疑之外，沒有任何補充的作用。

那說法要是「你總是在我們談話時打斷我」呢？「總是」這個字眼很容易利用，但「我們」

這個詞也是。不要說「我們」（除非你是皇室成員，而且使用「royal we」自稱，但我有點不相信你是這樣）＊。可以說「你」或說「他們」，但不要用「我們」。「我們」是一種概括性的大膽嘗試，但它還是暴露出一層原可輕易避開的質疑，而且對於你想溝通的內容真的毫無作用。

如果我太太閱讀到這篇（而且不確定性很大），她可能會說：「別吹毛求疵了，讓別人用自己覺得舒服的方式說話就好！別人才不會那樣過度解讀字句。」在她自己的圈子內，她說的沒錯，她的朋友其實都是很好的人，沒有太多爭辯。但那不是我生活的圈子，想必也不是你想出類拔萃的世界，所以，精準用詞很重要。

還有什麼話會讓講者露出令人質疑的破綻？「沒有」這個字詞或詞頭有時會。比方說「沒有人關心我」、「沒有人問過我的意見」。有什麼更好的方式可以傳達你的觀點？不妨這樣說：「為什麼你不關心我？」或「你為什麼不問問我的意見？」

要讓別人理解你的觀點，你可以使用比較委婉的文字與更柔和的方式，善加利用可以減少自己遭到質疑的風險。「可能」是個好詞，即使你非常確定。兩面下注並不會讓你有何損失，你還可以替自己留條退路。「很可能」屬於委婉字眼，它傳達了對你有利的可能性，而不用冒著說「總是」和承擔所有突發事件的風險。「通常」也是一種內建安全網的委婉字眼。用詞委婉為逃

＊　原文意指我與神，是皇室專用的措辭，類似中文的朕、本宮。

跑、降落或轉變保留了彈性空間。

值得再次注意的是如「在我看來」或「我覺得」之類的措詞，可能讓講者面臨質疑。你的意見雖然很棒，但在涉及事實的爭辯中並非如此。「你有權表達自己的意見，但無權宣稱自己的事實」這句話是有道理的。在說服的階層裡，事實勝過意見和感受。我更偏好使用像「你是否不同意」、「你有考慮過」或「有沒有可能」之類的措詞。

重點在於，特定用詞——空泛或委婉的——可能是絆倒你或指引你走向勝利的關鍵。永遠——我指的就是永遠！——都要豎起耳朵注意你何時使用它們，何時聽到它們。我見過不少優秀的人因為空泛字詞而跌倒，也見過十拿九穩的案子就這樣泡湯。溝通與說服已經夠困難，既然還有更精確的字詞可用，別因草率用字而犯下非受迫性的錯誤，況且你也不會因為謹慎而損失多少。

自殺怎麼定義？

如果對於所說內容沒有共同的理解，就不可能進行有效的溝通。當我的拉丁文老師講拉丁文時，我不知道他們在講什麼，看看我的考試成績就知道。但是，即使你們在語言方面達成共識，你們也必須在字詞的含義上達成共識。若你真的想要理解或被理解的話，這是不可或缺的要點。

如果你想阻止或減緩別人的爭論，這招也是非常有效的。我一直很驚訝有些人很難解釋那些我們以為自己懂的詞彙，我們每天使用的詞彙有著多重含義，有時候含義和我們想表達的全然不同。「毀滅」（decimate）就是一個典型的例子。大多數人用這個詞彙來表示徹底摧毀和消滅，但歷史上的定義是每十人殺一人（*decimat* 指的是「每十取一」——瞧，我終於搞定拉丁文了！）沒有留下任何活口跟留下百分之九十的活口，兩者之間有很大的區別。

準確理解對方所說的話，並讓對方定義詞彙，是說服戰爭中一個有力的武器。

喬納森・賓尼（Jonathan Binney）闖入艾倫・索南與茱蒂（Allen and Judy Southern）在契洛磯郡（Cherokee County）鄉村的家。他在屋裡幹了一些難以啟齒的事情，只有道德敗壞的人才做得出來。從自我滿足的性行為到便溺，賓尼很可能是我起訴過精神最錯亂的人——之所以這麼說，是因為我起訴過一些病患。

為什麼喬納森・賓尼要闖入艾倫・索南與茱蒂的家呢？這是一個關於墮落與邪惡的故事，我就不講具體細節，只要說賓尼性侵嬰兒就夠了。但賓尼知道他不想以兒童強姦犯的身分進監獄——他想以殺人犯的身分入監。於是他闖進一對陌生夫婦的家裡，這對夫婦沒有對他做過什麼事情，對他而言他們是陌生人，對他們來說他也是陌生人。但賓尼需要一位受害者來完成他的計劃，他要以殺人犯的身分坐牢。

因此，正當茱蒂・索南在從事她鄉村郵遞員的工作時，賓尼闖進他們的屋子，將他的邪惡完全展現出來。等到茱蒂．索南回到家，走進家門時，賓尼朝她開了一槍，最後她在醫院不治身亡。

射殺茱蒂．索南之後，賓尼騎上他的摩托車，試圖銷毀犯罪證據，並在身上貼了幾塊尼古丁貼片。他為什麼要貼尼古丁貼片呢？他說，當然是為了自殺。

這就是他後來在陪審團面前的故事。為什麼這很重要？原因有兩個：一個顯而易見，另一個沒那麼明顯。顯而易見的原因是，如果賓尼闖入索南的家中埋伏並殺害茱蒂或艾倫．索南，那就得以對他判處死刑。如果他闖進他們家的意圖是搶劫或性侵，那麼也可以判他死刑。但他對此案的解讀是，大白天闖進索南家自殺不屬於竊盜，因此這起謀殺不符合死刑要件。

在刑事審判中，被告使用「自殺」辯護的另一個原因是，他們誤以為陪審團會同情被告，覺得他們被內疚感和悔恨折磨得如此不堪，以至於試圖透過自殺來給予自己適當的自我懲罰。不合邏輯的思路是這樣想的：**被告求死，所以我們讓他活下來對他才是真正的懲罰**。是啊，我也不太懂這個推理思路，但被告確實嘗試過。不過，這個很容易被草草打發。

先從哪裡開始討論？你可能想從顯而易見的原因開始，要殺害茱蒂．索南的時候，喬納森．賓尼使用一種非常可靠的殺人方法，他用了一把槍。等到要自殺的時候，賓尼卻決定採取一種從未聽說過的自我了斷方式：貼上一些尼古丁貼片，然後等待心率急劇加速到致命的程度。假如你想知道的話……這個方法沒有用。他以一種三心二意、膽小懦弱的方式來結束生命。

你可能也會好奇，為什麼賓尼花那麼久的時間待在索南家裡等人回來，卻一直抽不時間來自殺。問得好。他有時間做那麼多無法言喻的惡劣行徑，卻遲遲沒有時間把手槍放進嘴裡並扣下板機。

自殺的定義很少有意義或具有任何法律意義。「自殺」是那些我們都以為自己知道其含義的詞彙之一。在這次特殊的審判中，自殺的定義的確很重要。

諷刺的是，一個想要自殺的被告居然會為了避免被處以死刑，而製造出折磨人的法律解析，這件事確實讓我反思那些我們認為可以定義的詞彙，直到我們真的需要定義的時候。

這讓我想起了在北卡羅萊納州夏洛特（Charlotte）享用的一頓宜人夏夜的晚餐。

如果你曾經和我一起吃過飯，你就會知道，我所謂輕鬆的晚餐閒聊很快就會變得複雜起來。有次我和參議員提姆·史考特，還有另外兩個人在一家餐廳裡，等待餐點送上來。其實我甚至不確定服務生有沒有來幫我們點餐了。

等待的這段空檔時間，我們必須聊點什麼。我的想法？**來點輕鬆的吧！我們聊聊自殺！**

什麼是自殺？你可以為它下定義嗎？你認為你可以，那就試試吧。在你自己心中，如果要你為這個詞下定義，你會如何定義？

就是剝奪自己的生命，對吧？

但要透過什麼手段，在什麼時間內完成呢？

我們在夏洛特用餐的那個酒吧可能擠滿了要「自殺」的人，只是執行的時間很慢。也許已經有人告訴他們應該戒酒，但他們沒戒；也許已經有人告訴他們應該改變飲食，但他們沒改；也許醫生給他們開了降血壓的藥物，但他們沒服用；也許他們把健身房的會員卡放到過期、或者沒去看牙醫。

字典裡對自殺的定義是：「一個人自願和故意結束自己生命的行為或情況。」這段解釋可以概括你所有的問題嗎？它是像字典定義所意味的單一行為嗎？還是一系列少部分行為？「自願」是什麼意思？就這裡而言，「故意」是什麼意思？

如果幫我開了一種可能延長壽命的藥，但我沒有服用，這個行為叫做什麼？如果我只吃了一部分，沒有全吃，因為我沒有錢按規定劑量服用，怎麼辦？然後，你會分析我花錢的其它方式，並判斷出我原本可以放棄有線電視和手機，就能有足夠的錢支付全部劑量的事實嗎？那麼自殺是一場關於生命的優先事項和我如何分配它們的辯論嗎？

如果我只是不喜歡藥物的副作用，並且做了肯定生命的決定，認為六個月不必忍受頻繁的噁心症狀好過十八個月時時與副作用相伴呢？在上面的定義中，「一個人的生命」是什麼？由誰來決定？

我們有時認為我們知道那些詞彙的意思，直到我們被迫去定義它們。「愛」是很難定義的字，我小時候似乎記得一句老話，「愛是永遠不必說『抱歉』」，沒錯！不妨找時間試試，談到自殺，試著經歷人生、婚姻、與你在乎的人交往、然後永遠不說「抱歉」。你試過後，一定要讓我知道最後結果如何。

我們經常使用「對」這個詞，也經常使用「只是」、「一般」和「相當於」這些詞。但它們代表什麼意思呢？如果你不得不去它們的定義，你是否可以避免自己因遺漏了什麼而面臨質問或交叉詰問的狀況？

你說的**每個人**是什麼意思？你指的**永遠**是什麼意思？你說的**他們**是什麼意思？你指的**自殺**是什麼意思？

我們如何定義術語很重要，這對於成功的溝通很重要，因為雙方必須就這些術語的含義達成一些共識。要求釐清用字或用語可能是善意的，就像只是想確保我們說的是同一種語言——或也可能是防禦性的問法。

釐清事實的好處

現在以一種不那麼恐怖的方式來釐清你的說服力。

三十年來，我一直和同一群人打高爾夫球。事實上，那可能不是真實情況。高爾夫球是種紳士運動，你替你自己請求裁判吹犯規。在某些運動項目中，「只要能躲過違規處罰就可以做」、

「裁判沒有判犯規就不成立」、「不見血不算犯規」。在高爾夫運動中，一旦你的球在定位後，準備擊球時移動了——即使你在森林裡，周圍都沒有其他人——這就算是犯規。如果你在向後揮的時候，球桿碰到沙坑裡的沙子，那就算是犯規。高爾夫球是種紳士運動，所以你們要互相讚美對方的好球，忽略對方的壞球。在第十八洞果嶺上比賽回合結束時，你會脫下帽子，互相握手，告訴每個人他們打得有多好。這就是高爾夫球。所以，我和我朋友玩的一定是別種運動，因為它更像WWE摔角，你需要臉皮厚、聽力差、記憶力不好、對別人的失敗完全缺乏同情心。我的大多數朋友都關注政治，但他們很喜歡在我們玩的時候不談論政治，也不問太多關於華盛頓特區的問題。大多數人，但不是全部。

當我們走在斯帕坦堡一家高爾夫球場的第一個球道上時，其中有位朋友問我：「你同意美國現在比歐巴馬總統時期更受世界各地的尊重嗎？」

我沒有開出一記特別好的球，所以心情也不是特別好，不過要是我中了樂透，我的反應可能還是老樣子。

「全世界？」我問。

「你知道我的意思，」他回。

「其實我不知道！你說的『世界各地』是什麼意思？你跟馬達加斯加、查德、冰島的人確認過了嗎？『受尊重』是什麼意思？要如何量化尊重？有什麼方式可以測量尊重嗎？」

「別跟我玩文字遊戲！」他嘆氣說：「我想說的是，你不認為我們現在的外交政策很好嗎？」

「『很好』是指什麼？你以什麼客觀標準來評判外交政策？可能有一半的美國人不認為外交政策『很好』，如果是五五波的話，那還稱得上是『很好』嗎？你認為的『好』有些客觀標準——一些中立、可證明的標準嗎？還是五〇．一％以上的人說好就是好？你熟悉哈特（H.L.A.Hart）與朗．富勒（Lon Fuller）教授的辯論嗎？誰來決定什麼是好？權利？正義？」

後來他在該回合的剩餘時間裡都沒有跟我說話，順帶一提，那樣「很好」！很明顯，我並不想談論政治，我對他拋出的那些問題就是最佳證明。但這也表明了一種潛在力量，讓提問者表現出堅持自己的一些能量。

有些時候，你確實需要知道某人使用某個術語的意思。有些詞彙本身就具有主觀性，所以你在開始之前必須先建立一些參數，比方說「正直」、「好」、「美麗」、「強大」之類的詞彙。

即使每個人都以誠信相待，定義術語也是至關重要的。但必須加以界定和充實的不只是文字。有時候，人們想要進行抽象的討論或爭辯，在討論中將具體性提到最高是對你有利的。

幾乎每個你會被問到的問題都有機會，讓你把那個問題變成另一個問題。抓住一個詞彙，然後要對方給予定義，讓他們承認自己剛才提出的內容，讓他們去證明他們現在問你的題目前提裡的任何元素。

精準用詞是有效溝通不可或缺的部分。詞彙具有多重定義，有些甚至假設我們都同意這些定義。我們經常會碰到使用我們不熟或不常見詞彙的人，因此，釐清任何能改變談話內容的重要詞彙有其必要性。

我們必須謹慎小心別使用含糊字眼，否則我們將成為那個要下定義的人，當你定義任何事物時，就會有遺漏重要內容的風險。

如果你已經看到這邊，你現在可能已經知道了，我是非常喜歡傾聽的人。你的下一個重大問題很可能來自對方剛才所說的話。所以，仔細地、嚴格地傾聽吧！打開你的耳朵。

第十三章
小改變大收穫——重新包裝就有不錯的效果

閃亮亮的外包裝

我不確定偷竊父母高爾夫球的法定追訴時效是多久，但我希望已經過了。我父親經常從他的病患那裡收到高爾夫球的禮物，但他不會去打這些球，因為他認為這些球「太好了不能拿來打」。我以前（跟現在）完全不明白，高爾夫球怎麼會好到不能拿來打呢？製造球的目的就是拿來打，就好比說德國巧克力蛋糕美到不能吃。蛋糕本來就是要拿來吃的呀！

反正我爸爸會把他的Titleist高爾夫球藏在他的居家辦公室，當然，那個辦公室是我和我三個妹妹的禁區。我對「禁區」的解讀是，他在家的時候，我們不准進入那間辦公室。但如果他不在家（我也找不到人批准進入他的辦公室），那麼就不能算是真的拒絕批准，因為也沒有確實徵求同意。雖然他確實告訴過我們永遠都不能進去那裡，但也有可能他在那天早上去上班之前改變了主意，只是忘了告訴我們！

當然，他把居家辦公室的門鎖上是他不想讓我進入的間接證據，但這位醫生從來不會把鑰匙藏在一位十二歲律師找不到的地方。一開始很容易找到鑰匙，它就放在門的上方，掛在一片門框線板上。（我意思是，認真的嗎？誰會把鑰匙藏在門鎖的正上方？）但後來我妹妹們出賣了我，他就把鑰匙藏得更隱密。但還不夠好！我在他音響附近的尼爾．戴蒙（Neil Diamond）專輯封面上找到了鑰匙。看吧！如果他不想讓我發現，他就應該放在派瑞．柯莫（Perry Como）或安迪．威廉斯（Andy Williams）的專輯裡，他肯定是知道我也喜歡《Cracklin' Rosie》，所以把鑰匙藏在那裡根本就是邀請我去拿的。

於是，我走進了Titleist的天堂。這些Titleist盒子從表面看都不一樣，但裡面卻裝著同樣的球。每年在包裝上都有一些細微的變化，目的不是想更吸引人注目，就是欲強調一些技術進步。但相信我，球還是一樣的。重新包裝很重要，它讓人感覺耳目一新，讓東西變得更加美觀，讓你覺得自己買到的東西是全新的、不同的——讓人覺得這東西「太好了不能拿來打」。

重新包裝也是一種壓倒性的技巧，讓你重組反對方的話和轉換說服責任。我們很多人都是反射性地在說話，而且經常帶有防禦性：

「親愛的，晚餐準備好了！」

「好，我馬上過去。」

「我想你沒意識到我為了這頓已經忙好幾個小時了吧？」

「呃……我說我馬上來！」

「如果現在就來太麻煩的話，我就把它放進冰箱吧！」

這是出於本能、尖酸刻薄且有說服力的話。把「我馬上就到」這句話變成「我根本不重視你辛苦一整晚的成果」。這就是重新包裝最有效和最常見的例子（你最好相信，我當時立刻就趕到廚房）。

重新包裝可以使舊的東西變成新的……，或者故意讓東西變糟，當它與誇張、荒誕與極端無理相互搭配時，效果特別好。重新包裝指的是從別人說過的內容中取一小部分，然後用最極端的方式重新組合。重新包裝指的是援引一些孤立的或零星的參考資料，並故意轉換成不可能、極端無理的話術。

前面我們提到了國會聽證會在探討關於移民、公民身分的取得途徑、以及怎麼對待未達法定年齡被帶到美國的孩童等問題，當時一方提出的論點是，有些DACA項目兒童在長大後取得重大成就的案例，所以他們繼續留下來，最終得到公民身分，將使我們國家變得更好。

「但你肯定不是在說那一千四百萬人都是畢業生代表吧？」

這句話就是用故意誇張化的方式重新包裝。答案當然是「不會」。然後別人就會把焦點從有成就的人轉移到沒有成就的人身上。

我們亦提到了關於槍枝管控和大規模槍擊問題的國會聽證會。

「你說的是沒有一項法律能夠降低日後大規模槍擊的風險嗎？你認為這是我們美國人需要接受的命運嗎？你是否認為大規模槍擊問題將永遠與我們相伴，所以我們應該習慣這個問題？」

說實話，重新包裝可能是我最喜歡的修辭工具，它迫使你聆聽對方究竟在說什麼，它迫使你利用洞察力識別邏輯最薄弱的環節，它迫使你利用荒誕、極端無理和誇張的黑魔法，去結合對方修辭或邏輯上最薄弱的環節。

關於重新包裝的若干常見例子？

以「我聽到你說的是……？」開頭的句子，結尾通常是將對方先前提出的評論重新包裝；以「但肯定你不是在說……？」開頭的句子，結尾通常是將對方確實說過但也許不是那個意思的內容稍微重新包裝。

這樣的概念在法庭上相當常見，也容易察覺得到。家庭暴力案件有時非常難起訴，難以起訴的原因有很多，包含受害者不願站出來、證據問題、或雙重逮捕，即男女兩方都遭逮捕，因此你的主要控方證人也是被告。相信我——有最後一項原因的案件是很挑戰性的；假如你的主要證人不作證，你就贏不了官司。社會上和文化上的假設和期望無所不在。有時候，家庭暴力的受害者會與施暴者重修舊好，有時候，暴力的循環會再度上演。被告辯護律師也很清楚，不能直截了當地說：「回到他身邊是你的錯。」在大多數辯護律師看來這種攻擊太明顯，但對陪審團顯然是一種潛意識的暗示。所以，不要讓辯方在隱約的潛意識中得逞。

你可以說：

「你的意思是指她受到傷害是她的錯嗎？」

「她中槍是她的錯嗎？」

「你是說她自作自受嗎？」

「你是說她沒有權利在不受攻擊的情況下踏進家裡嗎？」

這種暗自地將發生在受害者身上的事情歸咎於受害者的辯護策略，在性侵案件中也展現出其醜陋的一面。

我起訴過一名男子，罪名是綁架並強暴房產經紀人。男子假借觀看一處待售或出租住宅的名義綁架了她。在這起綁架強暴事件發生的幾天時間裡，當然還有這段時間講述的內容不斷經過轉述，辯護律師一直在尋找受害者同意或默許的證據。辯護律師將從這些時間序列搜索一些破綻、一些弱點，並藉此隱晦地證明這並不是真的犯罪。而這起案件的弱點是在加油站停車，當時犯罪者進去付錢，把受害者留在加油區的汽車內。

辯方突然抓到把柄：「這麼說，妳有機會逃走囉？妳有機會大聲呼救囉？妳是不是有機會在加油站引起其他人的注意？店員或其他顧客？」

身為檢察官的你需要重新包裝那些含沙射影的內容，並以更猛烈的力道加倍反擊回去。

「你是說她當時內心的恐懼，在她被強姦的兩天之內就消失了嗎？」

「你是說她害怕遭到滅口的恐懼——就像他不斷威脅的那樣——已經消失無蹤，並且相信自己可以逃脫，不再受到更多的傷害？」

「你的意思是指她應該受到指責嗎？被綁架、強姦和毆打的人對於被綁架、強姦和毆打負有一定的責任？這就是你要告訴陪審團的嗎？」

人們所說的與所指的意思往往是截然不同的兩回事，若再加上人們傾向講話迂迴，不直接說出口的事實，那麼你至少有三件事需要時時留意：說出來的話、背後的意圖、以及隱藏在底下的影射暗示。然後，你要做的就是傾聽，並準備把結構和形式當成你的朋友。

荒誕誇張的黑魔法

我們家的女兒，艾碧嘉，是我一生摯愛的人之一，她對每個人都很親切，不隨意論斷他人，並且支持關懷弱勢群體的事業。對了，她還喜愛爭論。我這裡說的「爭論」是指古典意義上的爭論。她喜愛辯論，喜愛鬥智，雖然我們在各自人生現階段的政治立場不同，但我猶記當年二十二歲不相信死刑的自己，結果卻成為曾經七次求處死刑的檢察官。有時候，人會改變。人生就是如此。但改變的關鍵是真實的說服，由你自己或別人所激發。我不知道她的將來會如何，但我知道，她童年時光和成年初期與父親辯論的經歷會對她很有幫助（尤其是在有這樣一位善良而無私的母親來平衡的情況下）。我知道，無論她的政治信仰是什麼，或者將來會是什麼，她就是那種有憐憫心、有愛心及崇尚真理的人，在我們發現自己需要朋友時，每個人都會榮幸有這樣一位與我們同陣線的朋友。

布雷特・卡瓦諾（Brett Kavanaugh）大法官的提名通過與後續事件發展，為我們每晚的父女辯論會提供了大量題材。辯論過程也顯示出如何用我們喜愛的問題形式來表達觀點，同時將有爭議的情況轉變成更有成效的對話。

在這段期間，那場正常對話會變成像這樣子：

艾碧嘉：我不敢相信你朋友林賽・葛蘭姆居然支持卡瓦諾！

爸爸：妳是說那個支持大法官索尼亞・索托瑪約（Sonia Sotomayor）與伊蘭娜・凱根（Elena Kagan）的林賽・葛蘭姆嗎？那位林賽・葛蘭姆嗎？妳不敢相信他以共和黨參議員身分支持共和黨總統所提名的候選人，而妳卻相信他支持歐巴馬總統所提名的兩位候選人？

艾碧嘉：我不是那個意思，我意思是你當過檢察官，難道你不相信受害者嗎？

爸爸：「受害者」這個字眼是假設有人犯罪或犯錯。我們先不要做這樣的假設，先來看看真相，讓證人來作證，我們利用什麼工具闡明真相？

艾碧嘉：我不知道，但我確定你會告訴我。

爸爸：想想看！是證人的對質與交叉詰問權，對吧？

艾碧嘉：她不應該在那麼多人面前當眾作證，這些都是極度私人的問題。

爸爸：難道孩子不需要在法庭上當著施虐者面前作證嗎？家庭暴力的受害者不是必須在十二個陌生人面前作證，講述他們生活和關係中最私密的細節嗎？這位證人有什麼不同嗎？這裡的指控不是跟刑事案件的指控一樣嚴重嗎？

艾碧嘉：我想你說過「不要使用『受害者』這個詞」。（被她逮到！）而且這不是審判。

爸爸：在證人還沒作證之前，不論什麼情況，怎麼會有人相信任何證人？

艾碧嘉：在你朋友林賽．葛蘭姆發表演講時她已經作證過。

爸爸：是的，她作證了。難道妳不開心林賽至少等到證人發言後才做出可信的評估嗎？這不就是公正的人該有的作為？等別人發言後再評估可信度？難道在她還沒吐出半個字，參議員們就已經先對她的可信度做出判斷了嗎？不是有位民主黨參議員說過：「所有女性都應該被相信」？在證人說話之前，誰能確定可信度？

艾碧嘉：所以，你是說她在說謊嗎？

爸爸：什麼是說謊？

艾碧嘉：每個人都知道什麼是說謊。

爸爸：好，那如果每個人都知道的話，妳可以毫不費力地告訴我答案是什麼，對吧？

艾碧嘉：就是指某人沒有說實話。

爸爸：人都會犯下誠實的錯誤，不是嗎？人們記得對的事件卻記錯了名字，不是嗎？妳看過目擊者證詞的研究報告嗎？他們本身沒有說謊，他們是真的這麼想，但他們錯了。

艾碧嘉：她不會忘記被最高法院的提名人性侵過。

爸爸：或許不會，但那人也不會忘記被這位華盛頓哥倫比亞特區上訴法院（DC Court of Appeals）的提名人性侵過，對吧？也不會忘記被這位白宮法律顧問（White House Counsel）辦公室的人員性侵過，對吧？特區上訴法院難道不是美國第二高等法院嗎？如果他或她犯下性侵罪就不適合待在法庭工作了，對吧？*

艾碧嘉：站出來講述這些痛苦的記憶需要極大的勇氣，不會有人無緣無故讓自己受到攻擊和審視。

爸爸：這點我們有共識。關鍵是探索、檢驗、探究「原因」，而交叉詰問和印證是關鍵。

* 譯註：卡瓦諾曾是特區上訴法院提名人，曾在法律顧問辦公室工作，作者跟女兒的這段話是要反映當時共和黨的立場，質疑為何拖到大法官任命案表決前夕才公開。

那次交流沒有任何人身攻擊，沒有提高嗓門，沒有攻擊個人，沒有傷害感情。

在現實世界中，跳脫政治和犯罪話題，人們也一直在重新包裝我們所說的話和意思。當我們不過是要求孩子簡單打掃一下他們的房間、或者準時回家、或者體貼兄弟姊妹時，孩子們經常把這些話重新包裝成誇張至極的語句。

「你說的對，我從未按照你的要求做過任何事！我是澈澈底底的失敗者。你八成希望從來沒有生下我這個人。」大多數父母從他們孩子口中聽過類似的說法，這種就是以荒謬可笑的方式重新包裝。

別上勾！他們要的是讓你退而求其次，開始羅列他們做過的所有美好事情。請抵制這種引誘，很困難，我知道。別忘記，我也是有孩子的，但請抵制它。

我處理的方式是平靜地說：「明天我會空出一整天的時間來討論你所有的優點和你做過的驚人事蹟。我只是希望能把按時打掃房間這件事加入這個清單內。」這個誘餌似乎無法抗拒，你還是必須抵制它。你的注意力反而該放在小事上——**請把你的房間打掃乾淨**——而不是對孩子想討論的所有事情進行長達幾十年的時間分析。

永遠記住，你不是在討論廣泛、深奧的概念，也不是在討論生活在這個國家的一千四百萬非法移民。你討論的應該是那些渴望參軍並為一個他或她沒有公民身分的國家服務的人，或是那些繼續無視美國和美國法律而傷害到無辜美國人的人。你應該討論的不是第二修正案的意義，而是不久前遇害的那十四名孩子。你應該討論的不是擁有整潔的房間在心理和社會層面的益處，而是在他們祖父母到來之前能有一間整潔房間。請記住，說的話越具體，越能避免別人試圖重新包裝你說的話。

儘管如此，但透過刻意運用誇張和荒誕的用語，重新包裝也能帶來意想不到的效果，如果運用得宜，這種方式還將把與你談話的對象變成你自己的證人。

在死刑案件中，辯護團隊幾乎都會聘請心理學和／或精神病治療專家，可能是用於有罪裁決階段、量刑階段、或者兩階段都有，但最常用於量刑階段，當辯方試圖說服陪審團不判被告死刑的時候。

幾乎每次精神病治療專家發現一些精神疾病，按照專家的判斷，這些疾病可以減輕罪刑、或者最起碼能向陪審團暗示，這個人確實不必為自己所做的事情負責。在刑事案件中則有精神錯亂辯護，這種辯護指的是被告不能明辨是非，無法構成犯罪。但如果我們處於在量刑階段，這種主張已經試過且失敗，那就會轉向單純的減輕罪責。

在我經歷的一次死刑審判中，司法精神醫學專家診斷被告患有胎兒酒精症候群（fetal alcohol syndrome, FAS）。你不會想攻擊這位證人，她在這個案件裡是非常好、非常有風度、很能讓人產生共鳴的醫生。你也不會想低估這種情況，因為事實擺在眼前，也許陪審團中有人的朋友或家人也有類似的診斷。你要做的是把專家的結論重新包裝成誇張荒誕的東西。

你採取陪審團已經知道的事實，並用專家的證詞重新包裝。（警告：這些事情很赤裸生動，但那就是我起訴案件中的真實情形。）

所以，胎兒酒精症候群的哪個部分造成你破門盜竊？

這個診斷結果的哪個部分造成你去陌生人家裡手淫？

這個診斷結果的哪個部分造成你在淋浴時排便？

過去五年內所有被診斷出患有胎兒酒精症候群的人當中，有多少人因為想以殺人犯的身分進入監獄而射殺了完全陌生的人？

然後還說謊？

重新包裝是我最喜歡的修辭技巧。你必須傾聽，慢慢地融入你的方式，但對於那些與你唇槍舌戰的人可能造成極大的破壞性。

感恩節的對話

大多數家庭在某程度上都有不同的政治立場，儘管我們已經努力避免在感恩節晚餐上討論到政治問題，但總是有人想讓媽媽不開心，然後拋出手榴彈。

「我不懂怎麼會有人投票支持希拉蕊．柯林頓當總統。」

「我不懂怎麼會有人投票支持唐納．川普當總統。」

如果你試圖轉移話題、採取攻擊、或者保護別人或你自己的立場，你會如何重新包裝你的說法？

在那場大規模的激烈辯論裡，有什麼機會可以讓你利用？

上面兩個問題被拋出來時，我人就在現場，因為牛仔隊每年感恩節都會比賽，我有把這些小問題都解決掉的既得利益，這樣我才能觀看真正重要的事情，比方說我們是否贏得開場的擲硬幣和是否等到下半場再進攻。

「你的問題是，怎麼可能有人會投票給這位曾經擔任美國參議員、國務卿和第一夫人，並教育了不同凡響的女兒的人嗎？這是你的問題嗎？」

「你的問題是，一個成功的商人，以獨特方式與美國人民互動，在充滿優秀政治家的艱難初選中脫穎而出，面對更嚴峻的媒體阻力，他怎麼會教育出勤奮、成功的孩子，並贏得選舉人團嗎？這是你的問題嗎？」

「你是在努力理解個別選民怎麼會投票給有這種背景的人，還是在努力理解我怎麼會投給他？」

「你有沒有問過數百萬位確實投票給那個人的任何一人，為什麼投票給他或她？還是你把你的調查範圍僅侷限在你平常廝混的那些短視近利者身上？」

人們有一種推斷事物的慾望。一名員警沒有達到我們的期望並不代表其他所有人都沒有達到我們的期望。因為一位政治人物違背了公眾的信任，並不表示他們所有人都如此。因為我今天沒有達到你的期望，並不意味著你的期望是合理的，也不意味著我明天就不能達到你的期望。當你在討論事情時，謹慎避免講得太籠統，那會使你面臨重新包裝和所有你沒有考慮到的事實。

在重新包裝的過程中，不要過於荒誕或誇張，否則即使你只是假裝憤怒，也可能顯得古怪瘋狂和完全不可理喻。抓住你論辯對手講錯的字眼，抓住一個他們信以為真、但沒有尚未印證的事實。最後，像我這樣，給自己一點放鬆的出口和逃離戰局。

我更喜歡在重新包裝的前面加上「你肯定不是在指……的意思吧？」、「你肯定不是在說……？」、「這肯定不是你的立場……？」或者「你一定考慮過……？」

重新包裝是我的最愛，因為它既是強大的進攻武器，也是強大的防禦武器。最好的用途是揭露對方話語中的極端無理，如果你能允許自己大膽問他們：「你肯定不是在說……的意思吧？」尤其是當你非常清楚那正是他們所說的意思時，那就更棒了。

第十四章
當辯論居於下風怎麼辦？

當你身陷洞穴，停止往下挖

以下幾句是我經常聽到，但有必要再次說明（和略做修正）的古諺。

「優秀的高爾夫球手擁有多到不可思議的運氣。」（天賦讓情況看似輕鬆寫意，讓人誤以為是運氣所致。）

「有利的事實造就好的律師。」（如果你總是誤解事實，很多爭論都贏不了。）

如果這些古諺有助於你填補生活中的修辭需求，我已經修改了以下幾句：「患難之交是損友」（這句話我借用文斯・范恩〔Vince Vaughn〕在《婚禮終結者》〔*Wedding Crashers*〕中扮演的角色）、「省一分錢就只是省一分錢」*、「分裂之家是複層式公寓」†。

我希望你在本章節關注的諺語是：「當你身陷洞穴時，停止往下挖。」當你發現自己處於說服的危急關頭時，那就開始尋找繩子、梯子或援助之手——如果這些做法都不管用，那就澈底改變話題，或者歇斯底里地哭起來。

在生活中，我們總是會有爭論處於劣勢的時候。我們會有不利的事實，或是要替自己並非真正相信的東西辯護，又或是那天我們覺得自己特別沒有說服力。我們每個人都會遇過這種情況。職業高爾夫球選手打出斜飛球和開球過高，演員忘詞，體操選手從平衡木上摔落。有些時候就是如此，我們也需要為這些時候做好準備，需要為那些戰成平手就是勝利、或者活下來擇日再戰就是最大期望的時候做好準備。

等到我們完成本書的第二部份時，你應該已經非常瞭解交談的竅門和一些我在說服的行為與崇高藝術方面最喜歡用的工具。現在接下來我們把它們當作防禦工具——是盾牌而非劍；是生存（至少在某些情況下如同字面意義）而非取勝的方式。

改變話題與轉移注意力

凱文・吉里蘭德（Kevin Gilliland）是我們在貝勒大學（Baylor University）加入兄弟會時的誓約兄弟，我們大學時代住在一起，參加過彼此的婚禮，他更是我這輩子見過最有趣的人。因為他，我在大學裡選修了比其它課程還多的心理學課程，他將來會是我的護柩者之一——但希望短期內還不會發生。而我這一生中最悲慘的經歷之一，也是因他而起。

重大事件發生時，我們大多數人都會對自己人在哪裡記得清清楚楚。而所謂的重大事件，我是指像一九九三年感恩節那天，里昂・萊特在德州體育場（Texas Stadium）冰雪覆蓋的球場上試圖追回一記原已成功封堵的射門‡。當時我和我太太在德州達拉斯（Dallas），與凱文和安・吉里蘭德夫婦，以及安父母親吉姆・博爾頓（Jim Bolton）夫婦一起慶祝感恩節。我們待在美麗而溫暖的屋子裡，屋外的天氣則是冷冽凍骨。

「好了，我們去打獵吧！」凱文邊說邊收拾背包。

「什麼？打獵？我是打高爾夫球的人，不是打獵的人耶，我才不會在冰天雪地又降霙

---

* 譯註：原句為富蘭克林的名言：省一分錢就是賺一分錢。
† 譯註：原句為林肯的名言：分裂之家無法長久。
‡ 譯註：結果導致比分逆轉。

（sheet，雨夾雪）的天氣裡打高爾夫球。」

凱文向我保證我們不會有事。雖然他聲稱自己從未肯定說過有間狩獵小屋，說什麼我們在那裡會無比舒適溫暖，但他一定有這麼暗示過。我所謂的暗示是，他真的說過那裡有間狩獵小屋，裡面有床、有電、還有其它設備。

於是，我們在暗冰遍地的惡劣天氣裡出發，前往德州傑克郡（Jack County）去打獵，那天晚上里昂．萊特不只傷透我的心，還毀掉我的假期。

我們一直越開越遠。

與我們同行的人還有凱文的妹夫，羅伯特．博爾頓（Robert Bolton），以及另一位兄弟會成員，拉爾夫．拉姆西（Ralph Ramsey）。

羅伯特轉進一條原本應該是黃泥土但後來結冰的道路，我們繼續往前開——然後他停了下來，傾盆霙雪和凍雨紛紛打在車子上。

「好，我們到了，」凱文說。

「狩獵小屋在哪？」我問。

「在後車箱，我們稱之為帳篷。」

可以的話，我當時真的很想殺了凱文。我寧可在德州州立監獄渡過餘生，至少在那裡我不會因為暴露野外而失溫喪命。大概吧。

我們在「狩獵」營地搭起帳篷，這個營地顯然是建在核廢料垃圾場上方，因為方圓一百英里內沒有任何動物出沒。沒有鹿、沒有豬、沒有鳥，什麼都沒有。

就這樣，我們在帳棚裡渡過有生以來最痛苦的日子，雨夾雜著雪、冰粒、凍雨滂沱而瀉，沒有暖氣，四肢也毫無知覺，此時拉爾夫決定，是時候講個故事給我們聽了。這簡直是極度欠缺判斷場合或時機的能力。

因為吉里蘭德和我實在太像，又相處那麼久的時間，所以我們一句話都不用說，就能知道對方在想什麼。

拉爾夫：你們想聽個有趣的故事嗎？

凱文：不了。

我：拉爾夫，歡迎你講故事給我們聽——我們待在這個鳥不生蛋的鬼地方的帳篷裡，哪裡都去不了，所以我們也不能阻止你講故事，但我們倒要看看這個故事到底多有趣。

拉爾夫：有一對年輕男女開始約會……。

凱文：他們年紀多大了？

拉爾夫：……他們年紀多大不重要啦……

我：對我們來說很重要，拉爾夫！我們想知道！他們是青少年嗎？男生跟女生的年紀一樣嗎？誰比較大？

凱文：他們交往多久了？

拉爾夫：拜託老兄，這真的是有趣的故事，他們年紀多大並不重要。

凱文：那他們在一起多久了？

拉爾夫：我不知道，大概一年吧。

我：那算交往滿久的，拉爾夫。他們只跟對方約會嗎？如果是的話，那時間多久了？他們還有見過其他人嗎？有交換戒指嗎？

拉爾夫：兄弟們，這些事都與我的故事無關。

凱文：拉爾夫，這些細節可能都與你無關。也許你因為十幾歲時經歷的痛苦而隱瞞了一些細節？但高迪和我想知道關於這對情侶的所有事情，這樣我們就能完全投入到你所謂的有趣故事裡面。

拉爾夫：他們在一個有鞦韆的公園裡。

凱文：什麼樣子的公園？

我：什麼樣子的鞦韆？

拉爾夫：那不重要，兄弟們，別打斷我！

凱文：對我們而言很重要。那裡有蹺蹺板嗎？鞦韆有幾個？公園是以某人名字命名的嗎？

我：拉爾夫，這對我們很重要。那個公園在哪裡？凱文跟我可能去過，這樣你就不必描述了。或是我們想帶自己家人去那裡呀，我們想知道那裡有什麼好玩的。我們可以野餐嗎？是公共的還是私人的？開放時間是幾點？

這樣的情況持續了大約一小時。拉爾夫若不是知道我們在做什麼所以毫不在意，不然就是他根本無法理解這兩位朋友——都快被凍死了——也要打斷他所希望的片刻輕鬆，否則講下去可能成為另一場悲慘經驗。

無論如何，由於凱文．吉里蘭德醫生和我阻擋拉爾夫講完他的故事，成功地防止我們有生以來最慘的夜晚，變成人類史上最慘的夜晚。

也許我們表現得有些明顯（而且令人討厭），但這是一種方法，透過要求關注細節和事實，更巧妙地讓人放慢下來。每個人在交談或講故事時會自然散發某種節奏，如果你可以改變這種節奏，就能改變這位交談者的有效性。

雖然人們不喜歡被打斷，但他們真正不喜歡的是被發表陳述性語句的人所打斷。被問句打斷會迫使說話者評估：「這是需要更多細節和澄清的合理要求？還是某種拖延戰術？」吉里蘭德和我的作法很明顯是在執行拖延戰術。（雖然我說我們的作法很明顯，但拉爾夫花了相當長的時間才明白我們在做什麼。）你可以採取更微妙的作法，但結果可能一樣。提問會打斷說話者的節奏和韻律，提問時要（稍微）真誠，這樣你就能讓說話者不知不覺地放慢速度，讓他們戛然而止草草收場。

解構，從對方的論點基礎下手

我喜歡我妹夫查德・艾布蘭森（Chad Abramson）（就像你會喜歡任何娶了你妹妹的傢伙的那種喜歡）。他是位好丈夫、好爸爸、好律師，而且是克勒姆森大學老虎隊（Clemson Tigers）的狂熱球迷。近來克勒姆森老虎隊連連獲勝，讓我的假期生活變得很痛苦，事實上，痛苦到我問我媽願不願意連續四天都過感恩節，跟她每個孩子各過一天，這樣我就不用和那位仁兄聊到美足克勒姆森老虎隊。我媽不同意那樣做，她還說了些荒唐的話，像是「學會與人相處」、「家人的重要性」或者「讓別人享受生活的樂趣」，或其它一些對我來說毫無意義的話。所以，我讓這些話左耳進、右耳出。

只要查德堅持根據事實說話，他就能在我們關於克勒姆森大學老虎隊和南卡州大學鬥雞隊的對話中贏得大部分的辯論，但他沒有。因為他無法。克勒姆森老虎隊僅僅贏得幾次全國冠軍是不夠的。不對，他想更進一步地說，克勒姆森大學老虎隊在贏得全國冠軍時也面臨到全國最艱辛的賽程。我按捺不住立即向他提出決鬥。為了家庭的和睦與安寧，我會放過一些正義、民主或公平等較小的問題。沒錯，那些不重要的小事，我可以放過，但說克勒姆森老虎隊面臨全國最艱辛賽程這件事不能放過。太過分了。

所以，查德，我們把iPhone拿出來，從頭來解構這句話。讓我們一場接著一場，把克勒姆森老虎隊的對手們的實力排名找出來，然後再去東南聯盟（Southeastern Conference, SEC）看看阿拉巴馬大學、奧本大學（Auburn）、路易斯安那州立大學（LSU）、佛羅里達大學或喬治亞大學的比賽情況如何。一局接著一局、逐一觀看實力排名，你要大膽斷言？那我們就從頭開始追溯。

想想看我們日常交談中發生的所有假設。至少有個隱性假設（tacit assumption）是：與我們交談的人所說的是事實。至少有個隱性假設是：與我們交談的人對於正在談論的資訊有一定的瞭解，並在此過程中經過某些審查程序。那要是你挑戰這些假設呢？

這就是解構的核心。解構論點就是，防止你的修辭對手為他們欲建立的事物奠定任何基礎。若要做到這點，其中一項方法是在奠定任何基礎之前都要求證明。

那要是每個基礎都需要一定數量的證據來證明，然後每份證據都會受到類似的挑戰呢？要是我們暫時取消無罪推定呢？想想看，要證明一件事情有多難！我們經常允許別人推展他們自己的論點，直到有時他們得出結論，而我們本來應該早點進行干預。

要是我們採取「扼殺源頭的論據」作法，並真的強制每個斷言都須獲得支持會怎樣？要是我們對於正在奠定適當的證據基礎抱持嚴格的要求會怎樣？

你可以問：**你是如何知道的？**不是問，你是**如何想的**、**如何相信的**或**感受如何**，而是問，你是**如何知道**的？在建立論點過程的每一步都要求提供知識，可能對你的交談對象造成語意表達上的破壞。因此，這是讓你擺脫隱性假設陷阱的經典策略。請記住，當他們正朝向更大的目標前進時，我們有多常讓別人做出有問題的事實論斷。下次請挑戰事實前提（只是也許不會在感恩節的時候，你的姊夫只是想要享受他的假日）。

受害者心態

當受害者的感覺真好，在我們的文化中，受害者得到極大的尊重（理應如此），因為大多數人都很善良，人們不想增加別人的痛苦。一旦觸碰到敏感話題時，人的天性是不會繼續追問下去。如果不會顯得太粗鄙並撇開那些我們都深感同情與悲傷的嚴重受害者不談，在事情不利於我們時，當受害者是一種有效的應對策略。

在平價醫療法案吵得沸沸揚揚的時候，我個人認為歐巴馬總統犯了一個錯誤。他抨擊保羅·萊恩（Paul Ryan），並暗指保羅不如他那樣關心兒童福祉。政策出現分歧不要緊，但假設自己比別人更關愛某族群的話就不好（但顯然在我們政治文化裡是可以被接受的）。我認為歐巴馬總統應該表現得更好，我也知道保羅．萊恩比外界評價的好。

在此背景下，共和黨人士受邀到白宮與總統進行會談。我們共和黨陣營的所有人都坐上大巴士，到白宮參加類似公眾會議的活動。總統在談論中提到保羅，我記得他有個不尋常的回應：

「當你扭曲我的信仰與精神理念時，你覺得我作何感受？當你說我相信什麼、不相信什麼時，你覺得這樣公平嗎？當你挑戰我的信條和信仰時，你覺得我作何感受？」

在各個層面來看都是很好的回應，他轉移話題，他分散注意力，讓自己成為不公平的受害者。這樣不能減輕對別人的傷害，但我認為他不是真的想這麼做。我認為他是在指出，雙方都有一些非常涉及個人的錯誤訊息，我可以尊重這點。

我觀察到其他政客錯失了成為受害者的機會。想要既是受害者又是攻擊者很困難，有時你必須做出選擇。世界上最好的情況就是，別人代表你來攻擊你本人，而你則享受作為受害者的崇高地位。當別人認為你在某些方面受到不公對待時，就會對陪審團會產生影響。陪審團幾乎都會在自己腦海裡重新校準，他們會淡化你自己的錯誤行為，因為有人已經懲罰你。

如果你在談話過程中，發現自己或自己的立場遭到別人不實陳述或扭曲，人性有時候會迅速原諒並繼續前進。人類天生會避免長期的衝突。請抵制這種本性！去追問那些人是怎麼誤解事實的，去享受被扭曲、誤解的受害者身分吧！但請記得：你不能同時是受害者和攻擊者。先打出受害者牌，好好發揮，直到受害者牌失去效力。

繼續前進或停下來

還有另一句古諺是這樣說的：「鞭打一匹死馬沒有意義——但打了也不會受傷。」理論上可能如此。事實上，人們並不喜歡趕盡殺絕。當你已經贏球或即將贏球時，不要再往前場傳球然後追高比分。再次重申——你只需要相信我和我在這方面的經驗——在談到說服的藝術時，陪審團和其他人對於適可而止有種與生俱來的判斷力。這種天生懂得判斷事情輕重的能力也會連帶認為，正大光明地使出重拳比卑劣不正當的攻擊來得恰當。

我接下來要說一則，某位國會議員沒有聽從這項建議的例子。

如前文所述，聯邦調查局探員彼得．史卓克接受過兩次審查：一場是閉門聽證會，只有國會議員和某些人員出席，閉門作證持續好幾個小時，但公眾看不到；另一場是在兩個委員會召開的聯席會議面前，透過全國電視轉播的公開聽證會，那場簡直就是災難。

這場聽證會之所以是災難，因為它總是成為災難——史卓克日前在閉門會議接受所有提問之後，這場聽證會上有太多議員在短短五分鐘內問了太多問題。

我們都知道，執法機構探員與同事發生婚外情還談論信任是件很諷刺的事，就像我們也知道，國會議員在批評史卓克外遇的同時自己也有婚外情的那種諷刺。有時候不需要言語描述，陪審團就能知道發生什麼事。你不需要明確告訴陪審團母親會因為保護孩子而撒謊，這些我們已經知道。你不需要明確告訴陪審團被告有不想坐牢的真正動機，陪審團已經知道。你不需要告訴陪審團如果把孩子的父親送進監獄，他父親就會坐牢，陪審團也知道這點。這一切都不需要口頭說明就能理解。

所以你可能也不需要公開質問一個有婚外情的證人，講述所有欺騙、謊言、模棱兩可和隱瞞等都是婚外情的典型特徵。我們都明白！在這段婚外情發生時，你可能對你妻子撒謊。如果你對你妻子撒謊，也可能對別人撒謊嗎？我們可以斟酌權衡，陪審團也可以。但如果你一而再、再而三地糾纏一個事實，就可能讓別人有機會在你做得過頭和趕盡殺絕的時候，替受害者進行不應有的辯護。

大多數理性之人擁護的正義形式與大多數人反對的私刑懲罰之間，有一條微妙的界線。知道在哪裡停止，知道在哪裡開始，你必須與你的陪審團保持同步，還要充分地瞭解自己，以便及時踩煞車。澄清一下，我的意思不是要你為瀕臨毀滅、復活和再度毀滅的人感到遺憾。我建議你放手，並不是因為這個人值得憐憫或恩典，而是因為繼續窮追猛打會傷害到你自己。

如果你有事實，那就專攻事實；如果你有法律，那就專攻法律；如果你兩者都沒有，那就猛打桌子極力主張自己立場。當你偏離事實的主張或問題，偏離有利的法律主張或問題，陷入純粹人身攻擊的陷阱時，陪審團就很可能認為你只會進行人身攻擊。

彼得．史卓克在許多人眼裡並不是會讓人同情的人，而唯一可能扭轉這種局面的情況，就是國會議員們用拙劣的方式提出拙劣的問題。某些國會議員就是這樣，各位女士和先生們看到沒，這就是趕盡殺絕的錯誤。

我們每個人心中都有一把尺，在你覺得情勢不利於你時，運用這種與生俱來的判斷力決定前進或停下。我們觀看運動比賽時可以感覺到心中這把尺，感覺到籃球隊在比賽剩下兩分鐘領先三十分的情況下，教練仍在指示投三分球。當一名拳擊手明顯擊敗另一名對手時我們能感受到這把尺，即使他的對手尚未認輸，我們在腦海裡就先投降了。我們心中都有一把尺，意味著大多數人也是如此。不要因為忽視這把尺而讓壞人變成受害者，也不要因為自己的不當攻擊而放棄受害者的身分。世界上最難的事，就是在別人不遵守規則的時候遵守規則，但廣大的陪審團會因此獎勵你。

為自己的強項和弱項做好計劃和準備

在我所起訴的每一起刑事案件中，都有一些事實或事實主張令我困擾。

在我參加的每一次國會聽證會上，都有一些我真的不希望被提出來的事情。你最不希望別人問你什麼問題？你希望在你準備進行的對話中不要出現什麼問題？你不想討論的具體話題是什麼？你修辭鏈上最薄弱的環節在哪裡？把時間投入在那些地方。

我相信要有計畫，而且特別相信要有計畫來因應最壞的情況。那你的計畫是什麼？

大多數人都傾向於關注自己案件的優勢。這樣做感覺沒錯，但說服並不是為了自己的感覺良好，而是為了成功的溝通計畫。你最害怕的事情是什麼？你有什麼計畫如何渡過或轉變它？這個計劃不能只是「天啊，希望沒有人發現我論點中的弱項」。首先要知道自己的弱項，並制定計劃來彌補它們，將可能造成的傷害降到最低，或是轉向更堅固的基礎。

我經常告訴我的朋友和同事：「上帝不會把一切給任何人。」祂創造的人很少同時兼具聰明、有趣、可愛，你最多只能期望三項中擁有兩項。我們大多數人三項中只有一項，同樣地，你可能也無法擁有說服武器庫中的全部武器，但你應該會有一項是你覺得使用起來最好用的，培養它、發展它、完善它。

我的武器是問一些不尋常的問題來轉移話題和分散注意力。當審判、聽證會或是日常談話的情況不順利時，我會嘗試找些不尋常的問題來問，迫使對方快速思考，同時讓我冷靜下來。這個問題必須是相關的，但又不能太相關。這個問題必須顯得合理，但只是稍微偏離目標的中心。這個問題應該問的好，但要分散注意力。

例如，在談到關於有時具爭議性的移民議題時，我喜歡問別人哪些罪行應該成為避免遣返或維持合法身分的資格。這個問題會迫使反對驅逐或主張放寬身分或公民身分取得的人快速瀏覽整個刑法法典。他們總是會漏掉一些重要的罪行，然後你就可以詢問這個部分。我在處理其它問題時也會嘗試這樣做：找到一個問題，迫使對方快速思考。

如果你發現自己和一群人交談時進展不順利時，我會採用以下兩招，兩招都很極端。第一招是沉默。沉默是世界上最能吸引注意力的東西。我們有自己的內在時鐘，如果講者什麼都不說，我們就會開始感到不安。她把筆記弄丟了嗎？他腦中一片空白嗎？有什麼醫學問題嗎？為什麼他們不說話？我在人生當中做過很多演講，幾乎每次演講我都會製造一連串令人不安的停頓，目的是迫使房間內的每個人停下手邊的事情，抬頭看看可能即將發生的災難。然後我就像什麼事都沒發生過一樣，開始繼續說話。沉默是你手中最能吸引注意力的工具。學習沉默長過一口氣的時間，但不要長到讓人以為你在打瞌睡。

第二招是阻礙議事的冗長發言。我們從小被教導不要插嘴、好好傾聽，我們不喜歡在別人說話時中途插嘴。當你發現自己處於辯論下風時，就好好利用這些教導吧。在國會和法庭上最難質詢的正是那些……根本……不會……停止說話的人。陪審團不喜歡粗魯的人插嘴，他們當然也不喜歡被打斷。

就像你應該找出自己最好的溝通天賦一樣，你也應該找出自己最喜歡的說服工具。在我們討論過的工具裡，你最喜歡使用哪一種？你想精通哪一種？

當你開始投入說服的藝術時，會有一段糟糕的日子要過。關鍵是透過準備和預期來減少糟糕的日子。當糟糕的日子到來時，你可以轉移話題、持球直到加時賽，或者透過沉默或阻撓行動來轉移話題，以便縮短持續時間。如果最終你能成為一名主動的傾聽者和積極參與的說話者，並且知道你在跟誰說話，知道你想讓他們相信什麼，我敢打賭，你一定會做得很好。

第三部分

勇往直前，贏得人心

第十五章
期望值不要設太高

找出共通性而非共識

我在德州上大學之前，大半人生在南卡州渡過。這是兩個截然不同的州，但人們的宗教信仰、政治信仰和基本信仰等相似程度可能比差異還多。當然，德州也有需要適應的事情：這裡的人聽喬治．史崔特（George Strait）的歌，而不是貓王艾維斯．普里斯萊（Elvis Presley）；跳的是排舞（Line dancing）而非搖擺舞（shag）；身上穿Wranglers牛仔褲而非Levi's。不過，在大方面的相似性超越了差異性。

我在年輕時候也出國旅行，去過非洲、以色列和歐洲，但在某情況來看，那是非常不同的文化，而不是不同的人共同生活在整體相同的文化和政治結構中。

在華盛頓擔任國會議員的經歷，讓我的眼界視野大為開拓。我在南卡州所認識的最開明的人，到了華盛頓可能是溫和派。南卡州存在種族和宗教的多樣性，但華盛頓的情況完全不同。我在華盛頓遇到了一些人，他們堅持的信念與我的信念背道而馳。因此，我們必須盡早做出選擇：避免這些分歧，努力說服各方達成共識；或者接受這些分歧，並欣賞它們。

如果我帶著我那人人皆知的說服武器抵達政壇——預期與我遇到的每個人都完全達成共識，並按照我在南卡州的經歷宣揚我的特定信仰——那我肯定會遭受重大失敗。追求絕對共識不僅是愚蠢的期望，而且是無禮的期望。華盛頓讓我看到，雖然達成共識並不是什麼太大的期望，但「共通性」（commonality）卻是更令人欽佩且合情合理的期望。

當我宣布離開政壇回到南卡州的時候，適逢我出城之際，我不想撞見記者，也不想與同事們多談些什麼，身邊的人知道我要做什麼就足夠了。於是，我週末宣布完消息，然後前往機場準備回家。

我低頭看了看手機，開始看到簡訊跳出來。第一封是現任參議員克里斯汀．席納瑪傳來的，第二封是來自眾議員圖爾西．加巴德。接著其它更多簡訊是我朋友與共和黨陣營的同事所傳來的。但我收到的前兩封簡訊是來自兩位你可能都不一定認為我會認識的同事。

乍看之下，你可能會想，一位來自南卡州的共和黨人，與一位來自亞歷桑納州的民主黨人和一位來自夏威夷的民主黨人有什麼共同之處。結果我們的共同點很多，只是不一定在政治方面。

沒錯，我們投票方式不同，我們也應該如此，我們的選區和我們有幸代表的群眾在想法、信念和投票方式都不一樣。但生活不只有政治，還有關於品德、家庭和節慶活動等，我們在這些方面有共同點。

有時候我們會掉進一個思維陷阱，以為說服是讓別人完全改變心意的最後一步，但等到最後才說服是非常困難的。要讓別人突然改變他或她對於生命何時起源、對於第二修正案的限制、應該保留或取消選舉人團制度的觀點不僅困難，而且不常發生。倘若說服是種更微妙的方式呢？

假使你能說服一個曾經認為生命始於存活力的人，開始相信生命起源自更早時候呢？假使你能說服一個認為第二修正案沒有限制的人，變成認同「沒錯，對於誰可以擁有某些武器、在哪裡可以擁有這些武器、以及這些武器的性質都要有限制」的想法呢？

別太貪心。對於你希望完成的任務，應給予公平且現實的期望，不要以為你的理念強大到可以完全改變別人的個人信仰和經驗。有時候，說服別人最重要的行動就是讓別人知道，是時候停止一直爭吵了。有時候，你能做的最有說服力的事情，就是告訴意見與你相左的人，你正努力好好地理解他們的想法。

記住，說服就是行動。求同存異而非達成完全共識，這樣的目標更容易實現，在各個方面也更令人欽佩。若是一味堅持達到完全的改變，必然使你的崇高目標以可悲的失敗告終。

勝利與成功

生活中沒有什麼比得上預期落差所帶來的失望。如果我以為我的聖誕節禮物會獲得一輛新的腳踏車，結果卻拿到一支手錶，那麼失望之情肯定不在話下。這種反應跟腳踏車或手錶本身都沒有關係，也不代表我的父母不夠愛我，而是兩種預期結果之間出現脫節，這種脫節導致某種類型的失敗，無論是短暫還是長久的。

我大部分的失敗都是由於期望過高，或在說服過程中太過貪心所導致——也就是欲從交談過程中獲得更多的東西，而不是設定我應得的、或可以合理實現的目標。當試圖交談的人與接受交談的人彼此期望不對稱時，就會出現痛苦的隔閡。

從政治角度來看，我認為兩黨民粹主義的興起是預期落差的徵兆。我最熟悉的是共和黨方面的情況，所以其它政治角度的人可以自行判斷你們團隊是否如此。

在我二〇一一年抵達華盛頓時，共和黨握有眾議院優勢，但還沒有掌控參議院與白宮。所以我們傳達出來的訊息是：「我們無法做你們希望我們做的事情，因為我們無法掌控參議院或白宮。我們無法降低赤字，最後也無法降低債務。我們無法改變醫療或社會安全法案，也無法縮小政府的規模和範圍。除非我們掌控更多勢力，否則我們無法提供一系列以市場為主的醫療改革。」

共和黨人想從控制參議院開始，這是我們所需要的！我們需要擁有參議院優勢，這樣共和黨領導的眾議院就可以通過法案，然後提交給共和黨領導的參議院，這些法案就可以通過，接著提交給歐巴馬總統簽署。他會否決這些法案，進而形成政治如此依賴意識形態的鮮明對比。計劃就是如此，這就是我們的目標。這就是共和黨人所要傳達的訊息。二〇一二年，美國人民回應了這個訴求，讓共和黨掌控參議院。

但情況沒有太大改變。

於是，共和黨人有個選擇：我們可以向美國人民坦白，在共和黨內部進行非常坦誠的對話；或者，我們可以另外找個「需要的」新東西。後來我們選擇後者。

我們要重新努力溝通與說服的部分是：我們真正、真正需要的不只是參議院，而是參議院和白宮。掌控參議院和白宮將改變一切。

後來二〇一六年，美國人民將眾議院、參議員和白宮全交給了共和黨人。

這是一個能實現所有承諾的機會！這是一個能滿足所有期望、達到有效溝通的機會！這是一個機會，可以履行共和黨人多年來一直談論的事情！然而……情況並沒有改變。

別人可以撰寫關於共和黨為什麼不能有效治理的書籍；別人可以撰寫關於共和黨內部鬥爭、缺乏藍圖、欠缺連貫性策略的書籍。我當時人就在那裡。我當然可以發表自己的意見，但現在不是討論的時候，這裡也不適合討論。

我的重點是，如果目標只是為了贏得勝利，那麼訊息傳達、溝通和說服都是有效的。共和黨掌控眾議院、參議院和白宮。他們贏了，這就是他們想要的，後來也得到了。但他們弄錯的不是訊息傳達，而是他們溝通的內容與實踐的內容完全不同步，導致彼此出現落差。這就是失敗的溝通。

當你弄錯某些東西時，無論是陪審團、舉證責任、事實或期望，溝通就會失敗。在我人生的各個階段中，我犯過很多錯誤，但當失敗是由於未達到預期所致、或者沒有認清陪審團是誰或應該是誰的時候，失敗的痛苦似乎最大。

記取前人的教訓

從他人的錯誤中吸取教訓是有意義的。我一直對我的孩子們這麼說，你們不需要自己去經歷那些我曾付出過慘痛代價才學會的東西。如果我告訴你爐子是熱的，它還是滾燙的，為什麼要去碰它？如果我告訴你現在不是向媽媽要東西的時候，因為她正在收看賀軒頻道聖誕節電影馬拉松連播，相信我。在國會期間，我從不同階段學習到關於溝通、說服和行動的教訓，但在二〇一二年對利比亞班加西事件的調查中，我學到了最慘痛的教訓。

讓我再說一遍，因為必須重申，這本書無關政治，我從過去到現在都不想撰寫關於政治的書籍。這是一本關於有效溝通，以及如何說服或打動他人的書。因此，我寫這個部份的目的並不是要重新探討班加西問題特別委員會或國務卿希拉蕊・柯林頓，我只是想指出自己的失敗和從中得到的教訓。也許，只是也許，你們可以從我的錯誤中吸取教訓，並在你們面臨考驗、磨難和機會時避免重蹈覆轍。

我在本書裡面列出的經驗教訓——認識你的陪審團、表現出真誠、掌握你的事實、評估你試圖證明的事情與陪審團或公眾期望之間的協調性，以及最重要的是，在開始之前，腦中要有一個清晰、簡潔的目標——當議長約翰・貝納打電話給我，說他提議成立一個特別委員會，欲替四名英勇為國捐軀的美國人寫下人生最後篇章時，這些都是我應該花更多時間關注的事情。

在超級政治化（hyper-political）的環境中，幾乎不可能進行嚴肅、以事實為中心的調查。此舉勢必得罪民主黨人，他們希望有人來調查川普總統所有他們想要調查他的事情；此舉勢必也會得罪那些調查與司法部、《外國情報監聽法》（Foreign Intelligence Surveillance Act, FISA）、或美國國稅局及其對保守派團體的處理等相關事務的共和黨人。但我以某種方式參與了所有這些的調查，我的立場依然沒有改變：**在當前的政治環境下，幾乎不可能進行嚴肅、以事實為中心的調查**。

第一個障礙是陪審團，至少在涉及高度爭議性的政治問題時，陪審團不是真正可說服的對象，有效說服的條件是需要某人最起碼具備開放心態。有效溝通另一個不可或缺的環節，是準確且清晰地知道，究竟誰是你的陪審團。由於與班加西問題特別委員會有關，隨著調查的緩慢進行，陪審團的規模開始越變越小。共和黨的活動份子不開心，因為我對毫無根據的陰謀論沒有任何耐心和興趣，也不會接受跟這些理念的支持團體會面。還有一些共和黨的律師對我也很不滿，因為我不願見他們的客戶。沒關係——有時候誰是你的批評者和誰是你的支持者同樣重要。

民主黨人因為又有其它調查所以也不開心，沒什麼好說的。確實如此，已經有一個問責審查委員會（Accountability Review Board），國會其它委員會也確實對班加西事件進行各方面調查。由共和黨人擔任主席的情報特別委員會發布了一份報告，由共和黨人擔任主席的軍事委員會（The House Armed Services Committee）又發布一份報告，由共和黨人擔任主席的監督暨改革政府委員會也再發布一份報告。因此，民主黨人和媒體本來可以採取以下兩件事的其中一件：一是抱怨又有另外的調查；二是質問為什麼之前的調查留下這麼多沒有解答的問題。民主黨和媒體選擇了前者。

我當時認為，現在我也如此認為，有些合理的問題是值得回答的。

為什麼從我國大使和其它外交人員最初遭到襲擊開始，直到Annex基地遭襲擊、泰隆・伍茲（Ty Woods）和葛蘭・杜爾帝（Glen Doherty）遇害為止，沒有任何一項美國軍事資產向利比亞班加西移動？無論你的政治立場是什麼，這都是合理的問題。然而，在此之前沒有任何一個委員會的調查回答這個問題。

在泰隆．伍茲和葛蘭．杜爾帝因迫擊砲攻擊喪命之後，最後是誰將我們的人員從Annex基地中解救出來？這也是合理的問題。對許多獲救的人來說，讓正確的人獲得榮譽，不讓錯誤的人居功是非常重要的事。然而，先前的委員會並沒有確定誰是拯救更多美國人生命的背後功臣。

我們都知道，這次襲擊並非不滿一部反伊斯蘭電影所造成的自發性抗議行動，該部電影在當年早些時候上映，也曾在中東其它地區造成零星示威。這點已經得到明確證實。但我們不知道的是，這個話題是如何成為政府說法的一部分。這個後果影響重大，是故意的嗎？是否受到即將到來的二〇一二年總統大選的影響？或者單純是某位分析師在情報報告中引用了錯誤標題、錯誤日期，並以此為依據所造成的疏忽？這個問題理應得到解答，但先前的委員會卻沒有給予答案。

如果你試圖查明事件過程發生了什麼，你會想跟目擊者談談，對吧？你會想跟所有目擊者談話嗎？你想和多少目擊者談話有限制嗎？

不久前，一位民主黨前同事在烏克蘭調查中表示，他當然不會舉行公開聽證會讓一名證人聽取另一名證人的證詞，然後據此修改和編撰他們的證詞。有道理，不是嗎？你不能對證人們採取集體訪問形式，而且在你能做的範圍內，你不能讓證人知道其他證人說什麼。這在法庭上稱為隔離訊問，經常採用的原因就是為了防止證人互相偷聽而竄改他們的故事。

所以，如果說逐一訊問證人是足以因應烏克蘭調查和全國各地法庭的運作，難道不足以因應調查一名美國大使和另外三名英勇公僕的遇害案嗎？

為什麼調查班加西事件的前幾個委員會都沒有採訪所有的目擊者？又為什麼前幾個委員會對於某些目擊者是採取集體訪問形式，而非個別訪問？如果個別訪問對其它調查來說有效，那麼對這些調查也應該有效，對吧？

在襲擊事件爆發前幾週和幾個月裡，是否曾要求為的黎波里（Tripoli）和班加西加強安全戒備？國務院知道什麼情況？向誰提出了這些要求？對於最終成為我唯一關心的「陪審團」——襲擊事件倖存者和罹難者家屬——來說，這些都是最基本的重要問題。要回答這個問題，需要查閱文件，這些文件由國務院保管和控制，其中可能包含與國務卿本人往來的電子郵件。

這就是民主黨人和媒體關注上次調查班加西事件的真正原因：因為這位國務卿是民主黨提名的候選人之一。我能理解同為候選人的參議員伯尼・桑德斯（Bernie Sanders）為什麼說他不在乎她「該死的郵件」。我也理解為什麼有些人相當關切，他們沒有參加任何辯論，也沒有任何競選活動，但他們有既得利益，想知道是否有提出增加安全戒備的要求、是誰提出的、向誰提出的。而且在某程度上，這些資訊都可能出現在國務院的文件和電子郵件裡，那些家屬和倖存者確實關切她那「該死的電子郵件」。

班加西事件的調查與國務卿柯林頓的電郵往來事件徹底地糾纏在一起，最終導致伺服器與此後衍生出的諸多故事情節。在一名大使遇害之後，向國務卿索取關於安全戒備要求的電子郵件是件非常合理的事情。除了查看文件，你還能如何評估已知內容？

信不信由你，眾議院班加西問題特別委員會的共和黨人並沒有捏造電子郵件的故事。那是《紐約時報》記者麥克・施密特（Michael Schmidt）所報導的新聞。施密特也揭露過國際足球總會（FIFA）的醜聞，還有一系列關於聯邦調查局和司法部的後續報導。如果說一名好記者意味著要有好的消息來源，那麼施密特就是一名非常好的記者。但他不是共和黨人，也不是特別委員會的成員。《紐約時報》針對國務卿柯林頓在電郵往來方面報導的篇幅，遠比我們委員會針對同一主題舉行的聽證會還要多。

我們只有召開一次公開聽證會有稍微提到她的電子郵件，只有一場。一場公開聽證會和一百多場與證人們的私人訪談，內容涉及襲擊事件爆發之前、期間和之後的情況。

從許多方面來看，班加西事件是一起謀殺案調查，我對於這方面很有經驗。但我很慚愧，是我不夠聰明，不知道這種調查根本不像法庭案件，這種調查是政治活動，這是我的錯，我沒有早點意識到這點。

我沒有正確地使期望對齊合理可行（reasonably likely）的目標，甚至對齊合理可能（reasonably possible）的目標。我的期望——我對成功的看法——只是想得到一些新的答案，挖掘先前調查不知道為什麼遺漏掉的新事實。但我的期望並不是我們委員會大多數人的期望。身為主席，我有責任設定正確的期望並滿足這些期望。當你的期望與別人的期望不一致時，這就是失敗的根源。

我想要進行對話的陪審團，並不是其他人想要進行對話的陪審團。通常光是恐攻事件遇難者的家屬和朋友就能組成一個綽綽有餘的陪審團。再加上那些在外交機構和 Annex 基地襲擊中倖存下來的人，你就有了值得服務的陪審團。但天真的我沒有意識到其他人會認為陪審團應該更廣泛、沒有那麼專屬於特定族群，尤其是在這個即將舉行總統大選的現代政治環境中。

國務卿柯林頓的公開證詞在我看來基本上是失敗的。這個失敗在於，程序和默認的人為時間限制始終與建設性發言背道而馳，這個失敗在於，沒有理解到媒體也是陪審團的一種，會要求這次聽證會提供「新的」資訊。沒錯，我知道媒體要求一個多數媒體認為沒必要的調查提供「新的」資訊，聽起來很諷刺。這個失敗在於，調查持續的時間太長。這個失敗在於，即使是那些傾向支持特別委員會的人，也多半對她的電郵問題感興趣，而不是關切利比亞的安全狀況。

我對國務卿柯林頓的公開聽證會印象最深刻的一幕是，我朝著擠滿人的委員會會議室看過去，看到了泰隆．伍茲的遺孀。她在整個調查過程中給予極大的支持。她對調查唯一關切的事就是瞭解到底發生了什麼、什麼時候發生、為何發生、以及盡可能瞭解泰隆在最後幾小時的情況。

泰隆．伍茲為保護國家和朋友而遇害的七年多以後，他的遺孀桃樂絲（Dorothy）傳給我一張他們兒子的照片。泰隆．伍茲遇害已經過了七年，特別委員會已結束了三年，我也離開國會一年。對她來說，這些與政治無關。對我來說，能夠滿足她的期望就夠了，這應該也是我打從一開始的期望。

但這並不是一起殺人案件，無論我們有多常提及那四名為國捐軀者的名字，那場聽證會終究圍繞著國務卿。它成功過嗎？什麼是合理但仍令人欽佩的期望？這要取決於你的目標是什麼。我很難想出最近有哪幾場國會聽證會可以稱做是成功的，但我想到另一個著名的例子，它也具體說明了與我類似的失敗。

沒有達到陪審團的期望

羅伯特．穆勒（Robert Mueller）曾是海軍陸戰隊隊員、聯邦檢察官和聯邦調查局局長。大多數美國人都說他為人正直，名聲很好。然而，即使是他也無法在現代政治環境中毫髮無傷。你可以自己看他的報導，然後自己評斷。我想拿這次聽證會做為另一個期望落差的例子。你可能還記得，穆勒花了兩年時間調查俄羅斯在二〇一六年美國大選期間對美國做了什麼、以及俄羅斯與誰（若有的話）密謀合作。調查結束後，他發表了一份報告。這樣應該足夠了。兩年時間、兩卷原始資料，大家都可以自己去查閱並得出自己的結論。在一個參與式民主制度下，這種對我們來說並不是過分的要求，對吧？

但這些報告對一些人來說還是不夠，所以穆勒被帶到國會山莊作證。如果可以，回想看看你對於他出庭的期望是什麼。我記得，在某些圈子裡人們懷抱很高的期望。有些人認為，穆勒將為已進行兩年多的調查注入「新生命」。這點是很難實現的。有些人認為，穆勒將生動地講述他的報告。想想看，他花了兩年時間採訪數百位證人，審查數千份證據，他的辦公室發出起訴書、獲得認罪答辯書，並進行全面的陪審團審判，而外界的期望卻是哪個國會議員能在五分鐘內為這起調查注入新生命或鮮明地敘述？認真？

那麼關於穆勒與他的期望呢？你可以從他不想出庭的事實來看，他表現得很清楚。有時候不願出庭的證人可以成為有效的證人，但當他或她的全部成果已經完全公開展示時就並非如此了。那麼證人自己的特徵呢？會符合預期嗎？如果你見過或親眼目睹穆勒作證過就知道不會，但他是那種你所期望的前海軍陸戰隊隊員、前美國檢察官、前聯邦調查局長：以事實為中心、謹慎、不帶感情。

所以，你有一位不願出庭的證人，他已經寫下大量他想說的事情，包含一些受限於陪審團程序和某些證據類型無法同時呈現的內容，擁有當之無愧的謹慎和慎重名聲，難道這些應該成為拍成戲劇性的電視節目嗎？

共和黨人經常對國會公開聽證會抱持著不切實際的過高期望，但這種缺乏現實考量的部分原因是，華盛頓媒體對共和黨人製造的阻力越來越大。

我們今天得到了什麼以前不知道的消息嗎？

有什麼新的進展？

這個部分之前不是講過了？

上述這些都是《政客》（*Politico*）、《國會山莊報》（*The Hill*）、《紐約時報》、《華盛頓郵報》（*The Washington Post*）的記者經常問我們的問題。我所說的「經常」，指的是每一次。

但對於民主黨人來說，情況完全不同。至少我待在政壇的那段期間是如此。我所說的「不同」，指的是根本沒有阻力。然而，穆勒的聽證會依然是一次失敗，就像柯林頓聽證會一樣失敗，就像史卓克公開聽證會一樣失敗，幾乎所有你能想得到的國會聽證會都是失敗的。

當你設定了永遠無法滿足的期望，並試圖在一個如同當前國會調查結構那樣，存在根本性缺陷的調查結構中實現這些期望時，就會發生這種情況。

穆勒的聽證會再次證明了相同觀點。像穆勒這樣的檢察官，通常不會強制規定證人的作證時間，尤其是不會以五分鐘為單位。從邏輯上來思考：書面報告需要兩年的時間來撰寫，僅透過回答其它人的問題，你怎麼可能以五分鐘為單位來提煉所有內容？要設計一個比這個更不容易成功的制度還真的辦不到。如果聽證會出現了新狀況，你可能會有什麼反應？**你在調查的兩年時間裡怎麼會漏掉這些？如果一個國會議員在五分鐘內就發現一個重要的事實，你投入了數百萬美元的預算和聯邦調查局的一群探員卻無法在兩年內找到，那你肯定是一個糟糕的調查員。**然而，國會永遠不會在調查進行的漫長過程中找到新的資訊。

由此可見，在司法委員會和情報委員會召開的聽證會都是說服力的失敗案例。我敢說，你很難找到一個因穆勒的公開證詞而改變想法的人。

如果陪審團已經心意已決，你可用的說服機制包含在五分鐘內回答問題，外界對你的證詞又抱持高到離譜的期望，那麼你將以失敗收場。

這麼說並不是指穆勒本人失敗，他不是失敗者，也未必會影響整個過程的調查工作。我敢說，許多對班加西調查和穆勒調查發表意見的人，沒有完全閱讀過任何一份已發布的報告，他們的想法主要是透過媒體報導和公開聽證會來決定。

人們往往只記得事件如何落幕，而不記得調查的開始或本身繁瑣的過程，結局是一場折磨的聽證會二重奏，說服屈服於人們對過去所持信仰的完全認可和確認。即使按照這個標準，兩場聽證會在我看來都是失敗的。

說服需要對稱性。各方參與者的期望必須對稱，彼此交談的方式和形式必須對稱，彼此必須有一種能夠打動他人、也能被他人信念打動的意願——當然，這種意願是以事實和真實性為基礎。

身為檢察官、國會議員、家族成員或朋友，我遇到的說服失敗絕大部分是建立在不一致的預期。這些失敗的原因還包含我沒有意識到或斷然拒絕了明顯的陪審團、沒有仔細校準現實目標，或是沒有評估進一步實現目標所需的舉證責任。

請從我和我的錯誤中記取教訓。記住以下幾件事。不要貪心。訂定合乎實際的期望，並確保期望與你的更大意圖、目標和目的一致。最重要的是，重視你的小進展。先設定較低的期望，然後超越這些預期，這遠比無法達到更高的期望要好得多。當我看到警察、檢察官或參眾兩院議員都設定很高的期望值時，我仍感到畏縮。「有人要被起訴」、「有人要進監獄了」、「我們將令全世界震驚」、「這是叛國罪！」這些都是很高的期望。如果你想要表現得超乎預期，投入就要超乎預期，而不是寄予更多的期望。少承諾，多表現。

人生中鮮少出現「佩瑞梅森時刻」（Perry Mason moments）*，那種被告在證人席上認罪的時刻、讓政治對手承認你的醫療照顧法案比他或她的好的時刻、讓你青少年時期的孩子大喊：「好！我立刻開始認真念書，因為我要充分發揮我的潛力，並努力在國中班級名列前茅！」的時刻很少見。生活並不會這樣發展，如果你以為溝通成功是這樣的發展，那你恐怕要大失所望了。

說服是漸進的、細微的，有時甚至無法察覺。人類天生不喜歡承認錯誤，比起坦白承認，我們更擅長合理化。讓人重新思考立場是成功的說服，讓人不帶偏見地傾聽你的立場是成功的說服，讓人理解你的來意是成功的說服。

* 譯註：佩瑞・梅森（Perry Mason）是一部犯罪偵查推理影集裡飾演偵探的男主角。

避免失敗——無論是外部的還是內部的——最好的方法是設定正確的期望。如果你接受完全轉變的時刻非常罕見，那麼什麼才是實際的目標呢？想想共同點，想想改變，想想進展，想想隨著時間過去產生的細微變化。

摩西從未踏上應許之地，他看到了，但從未親身體驗。馬丁·路德在他有機會看到歐巴馬宣誓就任總統、提姆·史考特在美國參議院佔有一席、或者康朵麗莎·萊斯（Condoleezza Rice）進入政府最高領導層之前就遇刺了。你可能永遠看不到自己說服他人的全部成果，你可能是讓某人改變立場的眾多人物裡的第一位。在某程度上，說服需要一定的謙虛，需要抱持不求回報的意願。你可能永遠聽不到「你贏了！你說服我了！我終於見到光明了！」但是我們記得的是摩西而非亞倫（Aaron）。有時候帶領別人接近新事物，會比踏入第一步更具歷史意義。

第十六章

如何知道你已經抓到說服的訣竅？

沒有人是天生的溝通者

我父親開車很慢，慢到令人難受。當他坐在駕駛座的時候，你可能根本不會前進。

但在二〇〇〇年五月的某天，當他開車送我和我太太去參加一場辯論會時，他開得還不夠慢，我巴不得每個紅綠燈都停下來，我祈禱火車出現，然後故障停在鐵軌上，擋住我們鄰近街坊的去路。我祈禱輪胎洩氣、引擎失靈、隕石墜落。基督再度降臨。

那年二月我離開聯邦檢察官辦公室，回到我的家鄉斯帕坦堡競選巡迴法務官。因為不能以助理聯邦檢察官身分參選黨派、政治職務，所以我別無選擇，只能辭去聯邦檢察官的職務。巡迴法務官（circuit solicitor）即是美國其它各州所稱的地區檢察官（district attorney），係指某一地區或轄區審理州內犯罪案件的檢察長（chief prosecutor）。美國各州在地區檢察官由誰擔任與如何選擇方面有不同的方式；在南卡羅萊納州，巡迴法務官是透過人民票選，任期四年，屬於第七司法巡迴區（Seventh Judicial Circuit），管轄區域由斯帕坦堡郡和契洛磯郡組成。

那時在任的巡迴法務官是一位備受敬重的檢察官，擔任檢察官已有二十多年的資歷。我在共和黨初選階段與他角逐這個職位，但事後從幾個方面來看，都不是明智的決定：一、選舉於六月舉行，二月開始競選活動，對於準備或競選活動來說都不是很長的時間；二、雖然我有檢察官經驗，但在參選這個職位之前，我沒有州檢察官的經驗（沒錯，只有聯邦法院，沒有州法院的經驗，而這是州檢察官的競選活動）；而且，三、與現任者競選的結果通常很慘烈。

契洛磯郡的人才輩出，當地有個知名地標桃子水塔。如果你是《紙牌屋》（House of Cards）的影迷，你會知道法蘭克．安德伍德（Frank Underwood）是來自契洛磯郡的國會議員，裡面一幕著名場景是桃子水塔。斯帕坦堡則是我和我太太的家鄉，這裡有一流的學院、大學以及善良的居民，是個很棒的區域。我對於將來可能為這兩個郡服務而感到興奮不已。但到辯論會那天，我並不期待與各個郡備受民眾愛戴的現任檢察官正面交鋒。（我想我應該給我父親一點掌聲，因為我確實及時趕到了辯論會現場，儘管我曾絕望地向上帝乞求，但最後還有幾分鐘的時間。）

當時的我還不擅長溝通與說服藝術，我不是一個「抓到」說服訣竅的人。

幾十年過去了，現在情況大不相同。我去演講時討厭別人介紹我，並不是因為我謙虛，而是因為不管是誰在介紹我，都會擋在我與我渴望交流和說服的出席者之間。現在的我祈禱綠燈、沒有警察、前門旁邊剛好有個停車位。我已經迫不及待要開始辯論或演講了。

一路走來發生了一些事情，讓這位害怕公開辯論的年輕人終於懂得如何去愛說服的藝術。

這種情況也發生在法庭上。在任何審判開始之前，必須召集陪審團。接著法庭會向陪審員進行一些準備說明，講解密切關注的重要性、保持開放心態和不得諮詢任何外部來源的必要性，還有一個絕對的要求，就是在最後一名證人作證與呈交最後一份證據之前，不得對案件進行商議或討論。這些介紹性講述大約需要二十分鐘，在我前十次的陪審團審判中，我希望這些開場白能永遠持續下去，法官最好從「大憲章」開始，然後一路講下去。我想知道關於陪審團審判權利的完整歷史，為什麼是十二名陪審員而不是九名或十五名陪審員，誰會進入法庭坐在陪審團位置以及為什麼坐在那裡的歷史。當法官快要講完審前說明時，我可以感覺到我的心臟越跳越快，呼吸越來越急促，整個焦慮感全上來了，我很緊張，害怕即將發生的事情。

然後，情況開始改變。

在第十次到第十五次審判之間的某個時候，我發覺自己的心臟不再越跳越快，變成我的腿開始擺動。我已經做好審前說明結束後的準備，因為法官是我和陪審團之間的唯一事情。我無法準確地說明為什麼會有這樣的轉變，也無法確定轉變發生的確切時刻，但轉變已經出現，原本緊張的年輕檢察官已經等不及輪到他發言了。

我還記得我到國會後的第一次電視直播採訪，當時我在甘農眾議院辦公大樓（Cannon House Office Building）圓形大廳，接受梅根．凱莉（Megyn Kelly）的訪問。整個採訪過程我一直盯著自己的鞋尖，實在不誇張，現在回想起來很難為情，每個主持人都還願意採訪我真是奇蹟。但我很緊張，當時是電視直播，沒有任何保障機制，而且我猜梅根．凱莉一定想知道是誰讓這個白癡上了她的節目。

成功的訴訟律師、公眾演講家、電視來賓和溝通者通常不是生來就如此，他們會經歷一段痛苦的成長過程。最後，痛苦會消失，然後留下平靜。這份平靜來自於做好準備，並且清楚知道你想達成什麼目標。那句讓我孩子聽到要翻白眼的巴斯特名言千真萬確：機會是留給準備好的人。成功總是獎賞健康的自信和自知之明。倘若你不是一個有趣的人，那麼用笑話展開互動就沒什麼道理。假如你天生是個嚴肅的人，那就找些嚴肅的話題來貫穿你的談話內容。瞭解事實是有效溝通的關鍵，但瞭解自己也是如此。給自己一個機會，讓自己成為你渴望成為的溝通者。

練習說服，熟能生巧

我在律師事務所招募年輕的訴訟律師時，他們需要具備兩樣東西：自信與實踐。我們的面試不是從法庭開始，而是從會議室開始。我會讓他們站起來，說服我去看他們最喜歡的電影。這個挑戰在於——讓我相信你最喜歡的電影值得我花時間去看。

陪審團很簡單：只是一個碰巧喜歡好電影的人。

目標很簡單：說服我去看電影。

舉證責任很輕：你不是要我借你一萬美元，只是要我去看一部電影。

沒有爭論性：我邀請你來說服我，我是願意傾聽的人。

有些人表現得很好，但多數人表現不佳。這些人都是在法學院攻讀三年的律師。不僅如此，他們還表示，與其站在一個人面前，他們更有興趣站在十二個人面前，說服十二個人去做一些比推薦一部電影更有意義的事情。好消息是隨著時間推移，隨著實踐的進行，以及對有效說服手段和目的的理解，他們幾乎每個人的說服力都變得更好了。我在早年職涯中犯過許多錯誤，主要源自於兩方面：不理解說服的動力和不理解我試圖去說服的人的本性和特質。

完全瞭解自己在做什麼

我們文化中最具爭議性的話題之一是生命問題——生命從何時開始、由誰決定生命從何時開始，以及各州或聯邦政府在界定、實施或限制這些想法方面應該扮演什麼角色。這是一個幾乎每人都有各自觀點、但大多數人不想討論的問題。

正是由於這些種種原因，還有其它更多的理由，所以有人請我去跟團體演講或發表演說時，我最初不願意談論這類問題。

一個下著雨的週日傍晚，我在我位於斯帕坦堡的居家辦公室裡，跟自己進行了長時間的討論，探討我究竟相信什麼、為什麼相信它、以及如何將它傳達給更多的觀眾。

最後形成的是一篇關於生命的演講，「墮胎」這個詞一次也沒提到。

最後形成的是一篇關於生命的演講，「三個月」這個詞一次也沒提到。

最後形成的是一篇關於生命的演講，焦點擺在演講現場的人。那些坐在現場的人如何重視自己的生命？他們在哪些方面賦予了自己存在的價值？

最後形成的是一種處於邊緣的溝通方式，希望迫使聽者對於問題進行不同的思考，並解決意義含糊不清或勝負難分的問題，使我的立場更有利。

你可以微妙而強大。你可以評估後行動，達成你的目標。你也可以處於說服的邊緣，但你的說服仍然觸及問題的核心。事實上，我認為那是最有可能進行持久說服的大好機會。當聽者自己做出決定、自己勾勒最終的邏輯思路時，真正重大的變化才會發生。

在我參加過的任何一場競選活動中，我很少要求別人投票給我。我當然希望他們投票給我。管理競選活動的政治「專家」堅持認為，懇請賜票是必須的，而我在競選廣告或文宣上也確實屈服於他們提出的建議。但對我來說太明顯了，誰會在競選公職時不希望選民投票支持自己？提出你的政見，剩下就交由選民去完成，也就是投票。

我記得我不曾在開場陳述時，要求陪審團替被告定罪。怎麼能要求他們這麼做呢？陪審團還沒有聽取任何證人的證詞，也還沒審查任何證據，你為什麼要冒著信譽的風險，在審判正式開始之前就要求陪審團給某人「定罪」呢？他們定罪的依據是什麼？被指控的事實嗎？被起訴的事實？還是依據坐在法庭另一邊的原告？

這樣的分析完全違背了法官審前告誡他們的內容，也就是被告在證明有罪之前都要以無罪來推定。而且坦白說，你會冒著與陪審團疏遠的風險，因為你做了一件他們剛在審前同意不會做的事：在審判結束之前做出決定。

所以，我是一個不喜歡要求陪審團定罪的檢察官，也是一位不喜歡要求選民賜票的政治家，但我在兩個領域都獲得還不錯的成就。相信我和我的經驗——這是另一種方法。說服裡有微妙的作用，有個地方可以讓陪審團勾勒出最後的連接點的地方，有個方法使陪審團根據證據和證詞，在審判的正確階段做出你認為正確、公正、公平的事。

瞭解人性

你可能還記得，凱文．吉里蘭德是我在大學裡選修心理學課程比其它學科還多的原因，而法官羅斯・安德森則是派我實地考察，去看看充分展現人性與真實人性的一面。渴望成為一名成功溝通者是最終促使我將學術與實踐面結合的原因，最後進而導致我完全熱衷於探究陪審團和觀眾的想法。

首先，人們不會成群結隊地傾聽，他們都是個別地傾聽。不管你是說給一萬五千人聽還是說給五個人聽，都沒關係，只要你能做到後者，前者就能辦到，過程完全一樣。在演講者的講台上，看著茫茫人海，令人望而生畏。人們對於公眾演講有一種真正的恐懼，這個恐懼往往與人群的規模成正比。我能理解，只是不明白為什麼。當你面對一大群人說話時，請記住，他們並不是一大群人正在傾聽。（好吧，當然也有一些從眾心理特徵發揮作用——比方說，有人鼓掌時其他人也更容易拍手，有人在笑時其他人也會笑，有人喝倒彩時其他人就會噓聲連連。）但基本上，人們是個別地聽取意見的。

根本沒有所謂的「公開演講」，因為根本沒有所謂的「公開傾聽」。人們是個別地接收處理訊息，即使是完全相同的話，他們也會聽到不同的東西，然後根據自己的經驗、教育和偏見得出結論。所以，如果我們跟一個人講話時不會緊張，為什麼跟上百個同樣的一個人講話時會緊張呢？

即使是像眾議員伊莉絲・史帝法尼克這樣優秀而有才華的國會議員，在談到演講和電視直播時也會感到恐懼。伊莉絲是這個世界上我最喜歡的人之一，對我來說，她體現出所有投身公共服務的正確理由。我原本不太認識她，直到議長萊恩告訴我，我將加入眾議院情報委員會，並表示：「伊莉絲最後會成為你最喜歡的同事之一。」凱文．麥卡錫對我說過同樣的話。他們說得沒錯。我在情報委員會的兩年期間都坐在她旁邊，在眾議院投票時，我也跟她坐在一起。

我們有場聽證會將進行全國電視轉播，在開始之前，她說她有點害怕被一大堆攝影機盯著看。「把它們當成一部攝影機，伊莉絲，」這是我的建議，「當成一部攝影機，就像進行一般的電視採訪。」一百部攝影機中的每一部都捕捉相同的場景，如果所有攝影機都執行完全相同的功能，那麼數量上又有何區別？

她說這個建議對她有幫助。把時間快轉將近兩年，在眾議院情報委員會的彈劾聽證會上，她回到全國電視鏡頭前面。我傳了一則打氣簡訊給她，她回傳：「只是一部攝影機而已（笑臉）！」人們個別地處理訊息，就像攝影機單獨捕捉你的畫面一樣。不要被規模或數量嚇到了。

此外，大多數人都會原諒或忽略（或完全沒看到）失誤。每次演講或面談過後，我都會清點自己犯的錯誤——用詞錯誤、文句不通、錯失機會、沒有把握最佳時機，你想得到的都有。雖然感到慶幸，但我一直很意外觀眾其實很少人發現這些錯誤。也就是說，除非那是個非常重要的事實，而且他們以為你是故意出錯的。那樣的話，他們是不會忽略或放水的！但幾乎所有其它情況，觀眾都是依照整體表現來打成績。

說服的動力包含你已經學過的元素：陪審團、目標、舉證責任，以及使目標和責任一致的校準。你知道你的目標，你知道你的觀眾，你也有了工具，但成功的衡量標準呢？在談到對說服的熱衷與熟練程度時，你如何判斷和衡量成功？你如何知道你已經達到某些里程碑？你如何知道你已經抓到說服的訣竅？

當你不再因為害怕在公眾面前演講，而祈禱火車、紅燈和醫療緊急情況時，你就會知道你正成為一個更好的溝通者。

當呼吸困難和心跳急促被無法靜止不動的雙腿所取代，因為就快輪到你上場，你簡直迫不及待要發言的時候，你會知道自己正在通往有效溝通和說服的旅途上取得了進展。

當你可以不必要求就能得到想要的結果，你就會知道，自己距離成為一名優秀的溝通者和說服者的目標不遠了。你在使用事實、表達真實性、評估舉證責任、運用提問力量等方面都表現得很好，如此一來目標不僅對你來說是明確的，對每一個聽你說話的人來說也很明確。

當別人相反的立場和信仰不再威脅或激怒你時，你會知道你已經到達目的地。他們代表的是機會，而不是挑戰；他們代表的是一個討論的開始，而不是爭論的邀請。

在我每週六早上去賣場的路上，有好幾次出於善意的人會問我這類問題：「在華盛頓聽到那些事情，你是如何避免自己不抓狂？如何讓自己不會氣到拔頭髮？」

第二個問題很簡單：因為我不想禿頭。第一個問題也很簡單：因為相反的立場、信仰和信念不會冒犯到我。他們代表著一個學習的機會和一個說服的機會。「說服」已經同意你的人是不可能發生的，那不是說服，而是認可和確認，坦白說，說服已經同意你的人並不是什麼挑戰。說服那些與你意見相左的人——即使是在邊緣處進行說服——那才是令人振奮與挑戰所在。最有效、最持久的說服方式，就是你把對方帶到改變的邊緣，無論改變是漸進式或其它方式，然後看著他邁出最後一步。

你做得到嗎？

你最後能享受說服帶來的挑戰嗎？你能夠透過讓別人邁出最後一步來達到你的目的嗎？

學會不必要求就能得到想要的結果

露比．奈爾．林賽（Ruby Nell Lindsey）是一位充滿愛心、非常出色的母親、女兒、朋友、同事以及妻子。她的丈夫馬里昂（Marion）既不忠誠，品行也不佳。他當著孩子的面對奈爾施暴，在家族旅遊時對她動粗，在蘋果蜜蜂餐廳（Applebee's）的停車場打了她的臉。馬里昂．林賽把酒倒進嬰兒奶瓶裡給他們最小的兒子喝，用性取向字眼來稱呼他們的大兒子。他過去有虐待和暴力傷人的紀錄，對奈爾進行身體上和言語上的虐待，而且完全漠視和藐視法庭命令和保釋條件。

所以，在奈爾做出離開馬里昂這個艱難而勇敢的決定時，沒有人感到驚訝——除了馬里昂，沒人感到驚訝。然而，婦女決定離開一段受虐關係往往會帶來更多的危險。我知道這句話聽起來違背直覺——離開危險是危險的——但這是事實。女人在剛剛離開一段受虐關係之後的那段時間，往往是最危險的時候。

馬里昂・林賽弄壞了奈爾的車，這樣她就不能往返去當地一家醫院的工作，但奈爾很機靈，她有個好友莎莉絲・奈斯比（Celeste Nesbitt）願意協助她。

二〇〇二年九月十八日，莎莉絲・奈斯比在奈爾下班後，開車送她回到位於南卡州英曼（Inma）的家。莎莉絲開著車，她的母親坐在副駕駛座，奈爾坐在駕駛座後方。莎莉絲的小女兒坐在後座中間汽座，另一個女兒則坐在副駕駛座的後方。她們辛苦工作一天後準備返家，當時已經晚上了。那是漫長的一天。那是漫長的一個月。

奈爾和莎莉絲同時認出了那輛車，是馬里昂・林賽在跟蹤她們。法院曾下令要求馬里昂・林賽遠離他妻子奈爾，但馬里昂不在乎，即使保釋條件要求馬里昂・林賽不得與他妻子聯絡，他也不在乎。法院命令和保釋條件對馬里昂・林賽來說不過是一張紙，區區一張紙阻擋不了他。

莎莉絲・奈斯比認出馬里昂・林賽的車後，她做了一件非常聰明的事。她沒有把車開回家，而是直奔南卡州英曼警察局。她闖紅燈、無視停車標誌，以建議時速的三倍車速穿越鐵軌。她想把奈爾・林賽交由執法機關來保護，她想把奈爾帶到警察局，她想讓執法機關處理馬里昂・林賽，這樣她和奈爾就不用應付他了。她確實辦到了，就差那麼一點。

莎莉絲準備將車子開進英曼警察局的後方停車場時，奈爾．林賽正與九一一通電話，詳細描述馬里昂．林賽過往的暴力紀錄，以及他實際上與當前造成的威脅。而正當莎莉絲將車子開進停車場，警察從後門走出來的時候，馬里昂．林賽也開進停車場。

馬里昂下了車，掏出槍直接走到駕駛座的後方位置，朝著玻璃窗連開四槍。奈爾．林賽死的時候手裡還拿著手機，九一一仍在線上，警察離她只有幾英尺遠。與奈爾一起坐在後座的孩子們趴在車地板而躲過一劫，因為馬里昂．林賽的槍至少有一發打中孩子剛才逃脫的汽座。

馬里昂．林賽聲稱他隨後拿槍對準自己，試圖結束自己的生命。同樣地，令人匪夷所思，兇手射殺別人的槍法如此精準，射殺自己的槍法卻變得如此差勁不準。馬里昂．林賽的子彈不偏不倚地射中奈爾．林賽，卻打不中馬里昂．林賽。

後來馬里昂．林賽遭逮捕，並被指控殺害奈爾．林賽。他的一生將接受審判，因為除了謀殺案，槍擊案還發生在公共場合且危及他人。

進行你的終結辯論。

定罪階段已經結束，馬里昂．林賽獲判有罪。量刑階段也即將結束。剩下的就是你向陪審團做最後一次陳述，然後陪審團會退庭商議，決定是要判他終身監禁或死刑。

此時的陪審團再清楚不過了，就是坐在你前面的十二人。

此時的舉證責任採取法律認可的最高標準，排除合理懷疑。

至於目標部分會有點複雜。目標是讓他被判死刑嗎？目標是追求公平嗎？我在死刑案件中確定與追求的目標是問心無愧，但如果現在你是檢察官，你的目標是什麼？

使目標與舉證責任一致的校準？這部分取決於你確定的目標，不是嗎？

你會說什麼？你會怎麼說？你的終結辯論是按照什麼順序？你會一開始就單刀直入地說，還是先解決不痛不癢的事情，再慢慢建立一個結尾高潮？

天剛亮我動身去了法院，距離向陪審團報告終結辯論前還有幾個小時。我把車子停在一間教堂的停車場，然後坐在車內將近兩個小時，和自己探討有關比例性、第二次機會、憐憫和懲罰等內容，但大部分與公正有關：**什麼是公正的結果？**上次問自己這句話的時候是將近二十年前的事了，但我還記得那時候的對話內容，比上週的自我對話還清晰。**我真正相信的是什麼？為什麼我會相信它？我能有效地組織終結辯論嗎？在死刑案件中，我可以在不要求陪審團宣判被告死刑的情況下進行終結辯論嗎？**

接下來就是我走進法院然後做的事情。我在一宗死刑案件中進行終結辯論，並沒有向陪審團提出那個最後的重大要求。我的心情很平靜，因為我知道我相信什麼。我的腳在抖動，因為我明白我想達成的目的，而且我明白了人類的天性，哪怕只是一瞬間：奈爾的仁慈、馬里昂的不人道、陪審團的仁慈。

罪行很清楚。馬里昂·林賽的所作所為將對奈爾、她的母親、她的孩子和那些愛她的人造成永恆的影響。馬里昂·林賽的所作所為將永遠烙印在兩個小女孩的記憶裡，她們倒臥在母親車子地板上，聽到一個女人的死前乞求，希望並祈禱子彈不會像奪走奈爾的性命那樣奪走她們的生命。現在是時候決定什麼是對這個人——這個罪行——的適當懲罰。

人性光譜的一端是仁慈。我們都需要仁慈。我們每個人在生活中的某個時候都曾受惠於仁慈。仁慈有很多種形式。它可能以第二次機會的形式出現，就像這位被告曾經擁有的；它可能以重新開始的形式出現，就像這位被告曾經擁有的；它可能以愛你的妻子形式出現，就像這位被告曾經擁有的；它可能以孩子的形式出現，以及伴隨而來的祝福，就像這位被告曾經擁有的。這位被告在生活中嚐到仁慈的甜美，但仁慈沒有阻止他殺害一名無辜的女人，也沒有阻止他危害無辜兒童的性命。我不會、我不能、我也無法站在你們面前請求你們再對這個人施捨憐憫。至於任何站在你們面前，請求你們（再一次）寬恕這位被告的人，我希望你們捫心自問：為什麼最常請求憐憫的人，卻沒有能力對別人施以仁慈？為什麼乞求你寬恕的人卻從不寬待他人？

有別於仁慈，人性光譜的另一端是復仇、懲罰、以牙還牙、以眼還眼。我今天站在你們面前並不是要你們去報仇；我不是要你們奪走這個人的性命就像他奪走奈爾的性命一樣；我不是要你們剝奪他的善終，使他喪失在接受審判前處理好自己事務的能力；我不是要你們把他扔在汽車後座，讓他無法善終，沒機會做臨終祈禱；我不是要你們站在一棟致力於實現正義、和平和安全目標的建築物後方停車場上射殺他；我不是要你們用他對待奈爾的方式來對待他。

我們每個人終須一死。我們害怕的不是死亡，而是死亡降臨的方式。有時候，死亡會慢慢地走到我們生命之門，我們可以看到它的到來，我們可以彌補以前所冒犯的人，我們可以糾正一路上累積的錯誤，我們可以好好愛被我們忽視的人，我們可以擁抱我們最思念的人，我們可以把自己的事情安排妥當，好好說再見，預備我們的靈魂，等到輕輕的敲門聲抵達我們生命之門時，我們已經做好準備。這是我們所嚮往的死亡方式。

然而，奈爾．林賽不是這樣的死法，死亡毫無預警地踹開她生命的大門。這一刻你還在工作，一心想見自己的孩子，但下一刻就要開車去警察局避難，撥打九一一向陌生人求救。你最後聽到的不是自己母親的聲音，不是自己孩子天籟般的聲音，而是接到報案電話的陌生人。

奈爾．林賽願意付出什麼代價讓你們這樣的陪審團來決定她的命運？奈爾．林賽願意付出什麼代價讓你們來決定她的生死？奈爾．林賽願意付出什麼代價來換取由理性、負責任的人為她辯護的機會？不是，我不是要求你們用他對待她的方式來對待他。

我現在不會，將來不會也不能要求你們對一個從來沒有對別人仁慈過的人仁慈。但我也

> 不會要求你們走向光譜的另一端，以其人之道，還治其人之身，就像他對奈爾·林賽的所作所為。
>
> 我站在仁慈與復仇的中間，有一塊叫做正義的岩石上面。從這塊岩石看過去，可以看清楚這樁犯罪的全部面貌。我站在這塊叫做正義的岩石上，從這裡可以看到他對許多無辜生命造成的破壞。我站在這塊叫做正義的岩石上，雖說奪走別人生命並非總是意味著自己也喪失了生命的權利，但有時確實如此。有時候的確如此，有時候事實就是這樣。
>
> 有時由於他人的犯罪情況、被告的性格和其行為的影響，我們需要最嚴厲的法律懲罰。你們是這個社會的集體良知。由你們決定什麼是適當的懲罰。我們會尊重你們的決定。上帝賜予你們智慧，讓你們做出能夠說明真相的裁決。

有時候你的陪審團無法回答你，至少不能大聲回答。但他們會回應你，他們會以自己的良心靜靜地回應你，等到他們做出裁決時，更直接地用裁決結果來回應你的訴求。

第十七章
我的終結辯論

內在的說服

我和家人參加的教會是南卡州一家浸信會（Baptist church）。在某些場合，你可能會把愛國主義與佈道宣教混淆，無論是七月四日美國獨立日、陣亡將士紀念日（Memorial Day）、選舉日前的週末，還是退伍軍人節（Veteran's Day），這些節日都將軍人、對國家的愛以及對神的愛交織在一塊。

我不夠聰明，無法理解對神的愛與對國家的愛要如何在基督的教誨中融合起來。然而，本章重點不在於神學解釋。親愛的讀者，本章重點是我對你做的終結辯論。我最後想說服你相信，用探詢的方式生活可能行得通，而且在有效溝通和說服方面，你最好的練習夥伴就是你自己，但前提是，你要誠實面對自己內心的真實想法，並提出正確的問題。

某一年的七月四日前後，我和太太去參加禮拜聚會，當時的講道內容開始指向我們的開國元老，敘述他們是如何「受到神的啟發」。我發現自己就像很多年前在斯帕坦堡東側那棟小屋裡那樣，光線充足的會堂令人詫異地居然變成漆黑的壁櫥，然後重大的問題開始逐一現形。

如果我是有色種族，在談論美國建國的佈道場合上，我會聽到什麼？如果我是女人，傾聽著美國按照「聖經」原則建國，我會聽到什麼？身為白人，在談論建國方面我會聽到什麼？即使這些問題是我對自己提出的，我如何帶著疑問來探討這些觀點？

你相信《聖經》有真理嗎？這些真理是永恆不變，還是隨著我們人類自身的進化過程來進化？神在道德議題上改變過想法嗎？神能改變祂的想法嗎？或者，因為祂是神，祂是否意識到無論祂的想法最終走向何方都不代表「改變」？

如果神是真理，真理是永恆不變，那麼是否意味著今天是正確的事就永遠是對的？若是如此，那是否意味著今天是錯誤的事就永遠都是錯的？沒錯，我很清楚人類是可以進化的，但你主張的論點並不是這個國家在建立之初受到人類的啟發，你主張的論點是受到神的啟發，不是嗎？我認為這才是整個交流的開始。

一個人擁有另一個人，這件事難道不是錯的嗎？一個人能同意被他人擁有嗎？或者，這是一種你不能「自由」放棄的自由？一個人是怎麼開始同意這樣的事情？或者，從理論上講，允許自由的民族同意某些反自由的行為本身就是有害的？

在基督裡，真的沒有猶太人與外邦人、沒有貧與富、沒有男與女之分嗎？真的沒有黑皮膚、棕皮膚和白皮膚之分嗎？沒有奴隸、沒有主人嗎？教徒之間怎麼會有價值差異？

從法律面或其它層面來看，認為一個人不是完整的一個人，這個想法「正確」嗎？我是否瞭解我們的建國檔案內包含了某些「妥協」？沒錯，但我沒聽到你說這份檔案的靈感啟發是來自「妥協」，我想你說的是「受到神的啟發」。你認為上帝贊成「五分之三妥協方案」（**the three-fifths compromise**）*嗎？

如果基督裡沒有男女之分，那麼神所啟發的檔案內會有男性和女性嗎？

我有我的信仰，我相信你也有。你多久挑戰一次自己的信仰？你多久會用自己一系列的邏輯、事實、精神或道德體操來強化你的信仰結構？

很不幸，我經常這麼做。（我之所以說「很不幸」，是因為這麼做真的讓人筋疲力盡！）有些人認為，不斷評估狀態是軟弱的表現。顯然我不同意這點。我認為，你會希望自己的信念足夠強大，以確保你知道你究竟相信什麼、為什麼相信、以及若有的話可以修正什麼，哪怕是信仰結構裡最細微的部分。

---

* 譯註：係指一七八七年美國南北方達成的協議，將不能投票的奴隸算成「五分之三」個人。

我相信你可以，而且應該跟自己進行這些對話。

關於有色種族在七月四日的教堂禮拜可能會聽到什麼的問題，我的動機不是為了更好的辯論，而是為了更好的理解。我的動機是因為參加那場教堂禮拜時，我的腦海浮現了兩位朋友：提姆．史考特和雪莉亞．克拉克（Sheria Clarke）。

如果我想瞭解提姆與執法機關的互動情形，或是身為一個有色種族的保守派在美國政治中的挑戰，至少我能做的是預測他可能遭遇什麼問題。雖然我這輩子都不可能成為黑人，但這不該阻礙我努力理解他可能會遇到的問題。我當然也不可能成為像雪莉亞．克拉克那樣的有色種族女性，我更不知道作為一個年輕女性試圖在華盛頓過著以信仰為中心的生活會是什麼樣子，而且我完全不曉得一個年輕的黑人保守女性會有什麼想法。不過我可以試著瞭解。我可以盡我所能去預測，甚至在我能力範圍內，試著問她會提出的問題。如果你能做到這點，那將是加倍的福氣：你的心胸會開闊，對於那些經歷過你永遠體會不到的事情的人，你會產生同理心和理解。

這種傾聽、學習和預測的渴望，也將促使你在與人談論敏感話題時謹慎選擇自己的措辭，因為在這些敏感話題裡，不同的情感、經驗會產生不同的觀點。

與別人討論問題時，通常只要說「我願意被說服」就夠了。事實上，我給家人、朋友、同事的很多評論後面，都會先陳述我的觀察，然後以這樣一句話作結：「但我願意接受有人說服我是錯的。」

這句話不僅具備說服力，因為它有讓人卸除心防的真實性，而且是你可以送給自己的禮物：可說服的開放心態。

最近在德州一場集會中，我和若干與會者進行交流問答，在回答他們的一項問題時，我說：「這是我的看法，但我願意接受有人說服我是錯的。」其中一位與會者表示不滿，他把這種開放心態比作缺乏信念而可說服。「肯定有些事情是你永遠都不會改變想法的吧？」

在很多問題上，我分析了所有我知道要分析的事情，假設了所有我知道要假設的事情，並以我的方式通過全部證據，我堅定相信一個立場，那就是事實。問題是：你是否願意接受你尚未想到的事？你是否願意接受新事實出現的可能？你是否願意接受從未被發現的證據和事實？

我想我們必須如此，不是嗎？我們要求別人可說服，我們是不是也該願意接受被說服？

我們應該持續與自己進行內在對話。為了避免嚇到別人，這種內在對話最好保持沉默。如果你做不到（我以前肯定做不到），戴上耳機四處走走，這樣至少別人會以為你是在打電話，而不是和自己進行一場公開、聽得見的對話。

為什麼要等待別人去做？

前斯帕坦堡市長比爾．巴內特（Bill Barnet）曾當上斯帕坦堡市的市長，是透過斯帕坦堡的選民海選而來。沒錯！他沒有參加競選，他是受到徵召，以海選（write-in）候選人身分當選，後來他在兩屆市長任期結束、支持率達到巔峰之際選擇卸任。

他是我信賴的人，我非常重視他的意見，現在依然如此，即使我們兩人都不在政府機關工作了。他對於我在二〇一〇年競選眾議院議員的看法充其量只是冷淡，這與選舉的成功前景毫無關係，而是與你如何利用所有資源中最短暫的部分有關，也就是時間。

「你會把人生的一半時間花在飛機上，另一半時間花在機場裡，」他對眾議院做了相當精準的評價，「全部只為了成為四百三十五名議員中的一人。」

他對於我運用時間的看法也是正確的。大多數議員不住在華盛頓，出於各種原因，有經濟考量，也有地方政治考量（而且讓議員們住在華盛頓，並無法解決美國的政治分歧）。

八年來，我每週都有飛往華盛頓特區的航班，但我這樣往返算輕鬆的。想想看眾議員圖爾西・加巴德要從夏威夷通勤，或者參議員史帝夫・丹思（Steve Daines）要從蒙大拿往返，或是少數黨領袖凱文・麥卡錫要從加州通勤。

感謝上帝，飛機上有無線網路、靠走道的座位、耳塞，偶爾沒人時還可以升等。但當飛機準備降落到華盛頓雷根國家機場時，無線網路停止運作，你開始獨自思考。通常飛行示意圖裡會看到我們被載著沿河而上，在飛機的一側可以將華盛頓特區城市景色盡收眼底。

此時心底會浮現一股強烈的不足感。你正飛往以羅納德・雷根（Ronald Reagan）命名的機場和以喬治・華盛頓（George Washington）命名的城市，每棟建築物似乎都是取自於某位名人的名字。這裡有華盛頓、湯瑪斯・傑佛遜（Thomas Jefferson）、詹姆斯・麥迪遜（James Madison）、亞伯拉罕・林肯（Abraham Lincoln）和馬丁・路德・金恩（Martin Luther King, Jr.）的紀念碑或紀念館，每條街道名稱都有其背後意義。甚至在還沒真正著陸並前往國會山莊之前，你就會感到自己是如此渺小和微不足道。

這麼多的歷史，這麼多的先例，你會有種自己無法完成這麼多事的感覺，所以你必須推動、勸誘，並期望別人也這麼做。我過去會想，**讓那些名人去做就好**，讓眾議院議長約翰・貝納或保羅・萊恩去做就好，讓參議院少數黨領袖去做就好，讓最高法院去做就好，讓那些願意參加最高層級競選的勇士去做就好。眾議院四百三十五名議員當中即使有一人去做了，也做不了多少事。

國會是許多人的笑柄和嘲笑的對象。要是這個或那個陣營重新拿回多數席位該有多好，要是某某人成為這個或那個委員會的主席該有多好，要是這個黨或那個黨去做這些事，世界就會變得更好了。

要是總統（無論是誰）透過行政命令做點什麼，或者召開記者會宣揚這個或那個政策的優點，那該有多好；要是別人能做點什麼，世界就會變得更好了。

要是最高法院能這樣判決，我們文化就會變得更好。要是最高法院能解決一些使自治實驗複雜化的棘手問題，這個國家就會擺脫困境並再次繁榮。

我們花很多時間在等待別人去做我們認為應該做的事情，我們花很多時間在等待別人去說服、去溝通、去實現我們希望看到的改變。

這種「推動去溝通改變的責任」的預期心態，有部分取決於社會定位，不是嗎？我們預期政治領導人發揮領導能力，我們預期最高法院的法官對我們的社會或文化變遷作出判決或發表意見，我們預期別人做我們預期他們會做的事。這些是別人的責任——畢竟，他們競選公職，是他們自己舉手說「選我」。所以這是他們的責任，由他們來做。普遍來說，我們預期他們能做到。

但我不這麼想。

我對於這些「領導人」的期望，並沒有比我對你的預期還高，原因有很多。

政治是落後指標（lagging indicator）。政治反映問題而非領導國家。這並不是對公職人員的控訴，只是情況確實如此。事實上，有人大可輕易反駁，這種反映問題正是我們開國元老在幾世紀前七月四日那天建國時真正想要的：他們希望國家（body politic，或譯：政治實體）能夠反映民意。然而政治競選不再與說服有關。上一次你在總統大選辯論中，真正感受到候選人試圖利用說服工具向你證明有更好的治理方針是什麼時候？時至今日的政治只是認可和確認，而非說服。

等到你希望看見的改變在國會大廳裡得到反映，意味著華盛頓以外的其它地方已經有人進行了說服的繁重工作，而且效果終於開始發酵。

我認為別人沒有義務去做我的工作。如果我對某個議題抱持強烈、熱情以及符合邏輯的信念，那麼提倡我希望他人實現的改變為什麼不是我的責任？我為什麼要等別人來做？

這就是為什麼，我們首要應該開始說服的對象就是自己，這可能是你完成過最重要的溝通工作。說服自己，你也有義務參加討論、參加辯論、參加對話。在你整理好事實之後去說服，在你考慮過你可能看到的所有面向之後去說服，要符合我們在本書中學習的有效提倡原則，但最終你還是必須去做。

用語言和行動說服別人

回想自己的人生歷程，你什麼時候被感動到而做出改變？你什麼時候受到激勵而採取行動？誰啟發了你？為什麼受到啟發？當你對某件事充滿激情，並決定即使沒勝算也要追求的時候，那些轉折點是什麼？你的溫泉關戰役（Thermopylae）*是什麼？即使無法保證勝利，你也願意進行的戰役是什麼？讓你感覺如此強烈，以至於即使注定失敗，你也會投入戰鬥的那一場戰役在哪

* 溫泉關戰役是波希戰爭中的一次著名戰役，希臘的斯巴達國王列奧尼達一世率領二百九十八名斯巴達精銳戰士與部分希臘城邦聯軍於溫泉關抵抗波斯帝國，成功拖延波斯軍隊進攻。

裡？你願意為什麼而死？願意為什麼而生？你的「米洛斯對話」（Melian Dialogue）*是什麼？在你內心探討你存在目的是做什麼和成為什麼的對話是什麼？

蘇格拉底也許是史上最偉大的提問者。他之所以失去生命，部分原因在於他凡事抱持懷疑的天性。他最著名的就是提出那些過去到現在都不太容易回答的問題，答案並不是他熱衷於提問的目標，過程才是。他非常堅信提問的自由，然後為此而死。

耶穌在提出每個問題之前就知道答案，也許只有一個問題除外。他也在自己獻身投入的事業中失去生命。他向神、向他那個時代的宗教和政治領袖發問，但他向我們提出的問題經得起時間和歷史考驗，至今仍是我們如何對待他人的指引。

金恩博士在沒有圖書館、沒有網路的情況下改變世界，他只有一支鉛筆和幾張紙，獨自在監獄的牢房裡思考他的問題，他不斷探尋讓我們個人和群體變得更好的解答，情願問自己比問別人更多的問題。他也為自己的信仰而死。

迪特里希・潘霍華（Dietrich Bonhoeffer）是傑出的神學家，他冒著風險，最終犧牲自己生命，來捍衛其它宗教團體存在、生存和避免消滅的權利。

有人說，民主是在一個名叫溫泉關的地方保存下來的，在那一場戰役中捍衛民主的士兵全軍覆沒。

英雄和我們一樣都會死。他們只是不像我們其它人那樣生活。他們找到一個比自己更重要的目標，然後不顧結果地追求這個目標，因此他們做到了我們所有人都在努力的事：過著一種說服力足以經得起時間和歷史考驗的生活。

我不在乎你對任何特定問題的信念是什麼。若是生活環境背景讓我們在同一時間、同一地點、剛好也有心情討論，也許我們可以嘗試用問題和修辭技巧來說服對方。在那之前，不要等我，我也不會等你。把自己裝備好，用事實和知識武裝自己，允許你自己被更好的事實和更好的論點說服，然後去做你希望他人實踐的改變。

知道你相信什麼，為何你會相信，要能夠既為自己的信念辯護，同時也能理解別人為何會有不同想法，然後——用語言和行動——說服別人。

去成為你希望別人成為的那個人

巴內特市長對國會的預期是正確的——主要是有一種從甲地到乙地後再回來，那種使人煩躁、浪費時間的感覺。這八年來，除了對於如何過好餘生有了新的體悟之外，沒什麼值得炫耀的。

* 西元前四一六年，雅典派出三百八十八艘軍艦和三千名戰士，包圍了米洛斯，逼迫米洛斯棄城、投降、納貢，於是雙方展開勸降的對話。

每架飛機都有兩側景色，就像每件事都至少有兩面意義一樣。一側是我帶著不足感和自卑感凝視窗外所看見的畫面——有許多我們從歷史課知道（或應該學過）的名人。那一側就是我們會忍不住將目光往外看，等待別人來做我們自己的說服工作。那一側就是我們比較容易面對的一面。

還有另一側景色——也會讓你感覺更加渺小，只是因為你花很久時間才轉到那一側。在飛機的這一側，你可以看到優雅的白色十字架點綴在起伏平緩的綠色山丘上，這一側是阿靈頓國家公墓（Arlington），悲傷而優美的阿靈頓。

那裡的男男女女懷抱著許多希望、夢想和無限的可能性，他們為了比他們更重要的事情效力，付出了一切——甚至是生命。我們大多數人可能講不出幾個安葬在阿靈頓的名字，但大多數人都會同意，真正建立這個國家的正是飛機這一側的前人——為了改善、維護、推動我們國家往理想方向而奮鬥的這一側。

年輕、普通的男女找到值得服務與犧牲的目標。這一側就是最具說服力的一面，也是令我感觸最多的一面。

你現在有了工具，你知道說服的機制，你知道如何利用提問進攻和防禦，你知道邏輯和事實的力量，你知道認清真正的陪審團並針對他們調整你的論點是多麼重要。你知道沒有天生的溝通者——即使是最厲害的溝通者在某些時候也很蹩腳，他們只是拒絕一直蹩腳。

現在，你只需要一份責任感來搭配你的新技能和計劃。你需要一個理由來說：**為什麼不是我？為什麼我不是那個人？**

去成為你希望別人成為的那個人，用最有說服力的方式去表達你所相信的和你為何如此相信，成為值得反思的事物。說服別人很難，生命中值得去做的事情都很難，但你也可以加入，一起確保這個世界上有史以來最偉大的自治實驗（experiment in self-governance）*繼續改善，使其繼續值得前人為我們現今成就所做的犧牲和服務。

* 譯註：指美國。

致謝

泰芮，妳是我見過最善良、最可愛、最美麗、最謙虛、最像基督的人。妳已經掌握了說服的藝術，做了我們任何人都做得到最具說服力的事，那就是過著一種致力於實現自己信仰的原則和戒律的真實生活。我從未辯贏或成功詰問真實過生活的人。所以，謝謝妳泰芮，我的憤世嫉俗總是輸給妳的希望滿懷。

華生與艾碧嘉，在檢察官或政治人物（或者有一位完美的母親）的家庭長大的孩子並不容易，但你們都開闢了自己的人生道路，並在學術上取得你們父親從未取得的成就，而且是富有愛心、體貼和善解人意的年輕人。我為你們感到無比驕傲。

媽和爸，謝謝你們重視教育和辛勤工作，為你們的孩子提供了比你們成長過程中更多的東西。爸爸，謝謝你讓我閱讀字典和百科全書，限制我們觀看電視，讓我在學校無法參與任何有關熱門節目的交談。媽媽，謝謝妳無論我做什麼或沒做什麼都一樣愛我。

撰寫一本關於說服、溝通以及提問藝術的書，需要擁有一種由其他人提出的問題和答案所組成的人生。在我的一生中，身邊有很多非常出色的家人、朋友和同事。

我很感謝我的三個妹妹，蘿拉、卡洛琳和伊莉莎白，我原以為我想要一個弟弟，直到有了三個妹妹。若有選擇，我還是會維持現在的樣子。

感謝辛蒂・克里克、米西・豪斯（Missy House）、瑪麗—朗斯頓・威利斯（Mary-Langston Willis）和雪莉亞・克拉克，還有你們的丈夫與家人，這麼多年來一直陪伴著我。你們本來且應該離開、去更好的地方，但你們沒有。你們的同事身上有兩個最難忍受的特質：極度內向且沉迷於高爾夫球。和泰瑞一起生活、和你們大家一起工作時，上帝是良善的。

我要感謝美國聯邦檢察官辦公室裡的大家，尤其是第七巡迴法務官辦公室（Seventh Circuit Solicitor's Office）的貝蒂・艾胥莫（Beattie B. Ashmore）和現任巡迴法務官貝瑞・巴內特。謝謝所有在聯邦檢察官辦公室和法務官辦公室提起公訴的人。那位蒙眼女子是非常嚴苛的上司*，但你永遠找不到比她更令你驕傲的上司了。

正如你在閱讀本書時所看到的，大多數國會議員在大多數時間裡都相處融洽。你會看到我最愛的幾位來自不同黨派的同事，散落在本書各頁，我要特別感謝提姆・史考特（一直鼓勵我撰寫本書）、約翰・雷克里夫以及凱文・麥卡錫。有人問我是否想念國會，你們就是我想念的理由。我想念我們的晚餐、想念我們一起歡聚的美好回憶。

感謝那些信任我的家庭，讓我起訴涉及他們至親的案件，在痛苦與失落中建立起一種超越時間和任期的密切關係。

感謝執法機關的所有人給了我一直想要的東西：一份在我臨終時能引以為傲的工作。

感謝在南卡州和華盛頓國會辦公室工作的人員，公共服務可以高尚偉大，而你們正是這部分的縮影。如同我常常跟你們說的，永遠不要把公眾對國會的鄙視與你們自己混為一談。我在南卡州的所到之處都有你們如何幫助他人的故事，這些故事與政治正統性無關。感謝我目前在Nelson Mullins律師事務所的同事們。

感謝我的朋友們，其中有很多位是認識幾十年的朋友，他們讓我的生活增添了深度、廣度和質感。班、艾德、凱文、羅伯特、基斯，還有其他許多人，謝謝你們讓我生命中多了幾位好兄弟。

感謝埃絲特・費多爾科維奇（Esther Fedorkevich）讓我完成本書。

感謝勞倫・霍爾（Lauren Hall）抓住我的手，沒有讓我放棄或改編成《無間警探第四季》（*True Detective Part IV*）的劇本，感謝你在我知道你這麼想的時候沒有殺了我。

最後，感謝瑪麗・雷尼克斯（Mary Reynics）和整個Crown Forum出版團隊給予的機會，讓我可以寫下自己真正想寫、而非別人可能期望我寫的內容。

---

* 譯註：此指象徵司法平等的正義女神。

亞當斯密 10

好問：化異見為助力的關鍵說服力

DOESN'T HURT TO ASK

作　　者　特雷．高迪（Trey Gowdy）
譯　　者　陳珮榆
執行主編　簡欣彥
責任編輯　簡伯儒
行　　銷　許凱棣
排　　版　李秀菊
封面設計　萬勝安

社　　長　郭重興
發行人兼出版總監　曾大福
出　　版　遠足文化事業股份有限公司　堡壘文化
地　　址　231新北市新店區民權路108-2號9樓
電　　話　02-22181417
傳　　真　02-22188057
Email　service@bookrep.com.tw
郵撥帳號　19504465
客服專線　0800-221-029
網　　址　http://www.bookrep.com.tw
法律顧問　華洋法律事務所　蘇文生律師
印　　製　韋懋實業有限公司
初版一刷　2021年5月
定　　價　新臺幣450元

國家圖書館出版品預行編目（CIP）資料

好問：化異見為助力的關鍵説服力／特雷．高迪（Trey Gowdy）；陳珮榆譯.
-- 初版. -- 新北市：遠足文化事業股份有限公司堡壘文化, 2021.05
面；　公分. --（亞當斯密；10）
譯自：Doesn't hurt to ask
ISBN 978-986-06513-2-4（平裝）

1.人際傳播　2.説服

192.32　　110006617